maratonando

Rodolfo Lucena

maratonando

DESAFIOS E DESCOBERTAS NOS CINCO CONTINENTES

EDITORA RECORD
RIO DE JANEIRO • SÃO PAULO
2006

CIP-Brasil. Catalogação-na-fonte
Sindicato Nacional dos Editores de Livros, RJ.

L968m Lucena, Rodolfo
Maratonando: desafios e descobertas nos cinco continentes / Rodolfo Lucena. – Rio de Janeiro: Record, 2006.

ISBN 85-01-07485-3

1. Lucena, Rodolfo. 2. Corredores (Esporte). 3. Maratona. 4. Corridas. I. Título.

06-1096 CDD – 796.426
CDU – 796.422.16

Capa e encarte: Necas

Fotos de encarte: Rodolfo e Eleonora Lucena

Impresso no Brasil

ISBN 85-01-07485-3

PEDIDOS PELO REEMBOLSO POSTAL
Caixa Postal 23.052
Rio de Janeiro, RJ – 20922-970

EDITORA AFILIADA

Para minhas filhas
Laura, a-primeira-que-chegou
Claudia, aquela-a-mais-pequena

Sumário

Agradecimentos 9

Apresentação 11

Primeiras passadas 13
– Maratona de Porto Alegre (Brasil)

Califórnia dourada 25
– Big Sur International Marathon (Estados Unidos)

Pátria dos ultras 41
– Two Oceans Marathon (África do Sul)

Acidentes de percurso 61

Pulinho na Escandinávia 71
– Meia Maratona Broloppet (Dinamarca-Suécia), Maratona do Sol da Meia-noite (Noruega) e White Nights Marathon (Rússia)

Conquista olímpica 91
– Athens Classic Marathon (Grécia)

Dragão milenar 109
– Great Wall Marathon (China)

Descobertas nas trilhas 139
– Six Foot Track Marathon (Austrália)

Exame de consciência 159
– Supermaratona de Rio Grande (Brasil)

Sonho impressionista 185
– Marathon de Provence Luberon (França)

Folha corrida 205

Agradecimentos

A corrida é um esporte individual, mas está longe de ser solitário: muita gente participa da vida de um corredor. Cobram, apóiam, exigem, orientam, incentivam, dizem presente. A todos que estiveram comigo nessas jornadas, meu agradecimento e minhas homenagens.

Em especial, obrigado ao ortopedista Wagner Castropil, judoca olímpico e idealizador do Instituto Vita, celeiro de médicos e fisioterapeutas dedicados ao esporte e aos esportistas, que muito me ajudaram a continuar mais ou menos inteiro nestes anos de corrida.

Agradeço ao jornalista Tomaz Lourenço, editor da *Contra-Relógio*, revista que tornou conhecidas muitas das aventuras contadas nestas páginas. Sou grato também ao ultramaratonista Roberto Losada Pratti, alma do jornal *Atividade Física*, que acolheu meus primeiros textos sobre corrida e corredores.

O professor Ronaldo Pereira Silva orientou um trabalho de musculação essencial para superar alguns dos mais difíceis desafios que enfrentei. O técnico Marco Antonio de Oliveira fez questionamentos e deu orientações importantes para que eu pudesse montar treinos que me levaram mais longe pelos caminhos do mundo.

O companheirismo dos corredores e amigos da equipe Nossa Turma ajudou a tornar mais fácil e divertida a preparação para as maratonas da vida. Ex-treinadores, especialistas que infernizei com perguntas, colegas que cansamos juntos em longões, massagistas, nutricionistas, curiosos em geral da vida corrida, a todos vocês um grande e agradecido abraço.

Acima de tudo, obrigado à Eleonora, que está em todas estas páginas em beijos e lágrimas, Estrela da Manhã apontando o caminho, porto de chegada e ponto de partida.

Apresentação

Correr é se libertar. O prazer da conquista e a satisfação pela superação de um desafio, de dores e temores, levam o corredor a uma espécie de êxtase, que combina paz e deleite. Ou não. É uma coisa monótona, em que basta colocar uma perna na frente da outra e seguir respirando, e a gente só se mete nessa roubada se estiver muito a fim de emagrecer.

Sei lá. Para mim, correr é explosão. Aceito os treinos, a musculação, os chatíssimos alongamentos, as lesões e a lenta recuperação para poder enfrentar o duelo solitário contra os quilômetros, o sol, o vento e a chuva e enfim cruzar a linha de chegada, sempre vitorioso, qualquer que seja o resultado.

Quando comecei a correr, não sabia que seria assim. Lia relatos de corredores, via descrições de provas, sonhava com a maratona, incensada como jornada heróica e gloriosa, reservada aos bravos e fortes, aos de espírito inquebrantável.

Mais baixo do que gostaria, mais pesado do que deveria, trabalhando com a caneta e o computador ao longo de toda a vida, não sou nada disso. Mas parecia ser, quando terminei minha primeira maratona. E, depois dos festejos com a família, fui logo contar meu feito para o mundo, colocando um breve relato na internet, em um fórum de corredores.

Anos depois, consegui enfrentar um desafio ainda maior, uma maratona em montanhas, ao lado do mar da Califórnia, em terreno belo e pouco trilhado por corredores brasileiros. Quando voltei, escrevi minhas impressões e emoções, e o texto foi publicado em uma revista voltada para o universo dos corredores. Nascia ali o embrião destas páginas que estão hoje nas suas mãos.

Corri na África, na Europa, na China, no Japão, na Finlândia, na Rússia, na Nova Zelândia e em muitos outros cantos do mundo. Subi as gigantescas escadarias da Grande Muralha, percorri parques norte-americanos coloridos de dourado outonal, cruzei o mar dos vikings, vi o oceano Índico ao meu lado e, em seguida, o Atlântico ao longe, comi doces uvas na Provença e bebi a história das maratonas e da cultura ocidental na Atenas eterna.

Algumas participações em provas se transformaram em reportagens, relatando as corridas e as viagens, a dolorosa descoberta de que, sim, temos limites, e o doce aprendizado de que, sim, podemos ampliar essas fronteiras. Contava os desafios que enfrentava como aprendiz de atleta, tateando por caminhos desconhecidos, criando o próprio treino, descobrindo novos horizontes no mundo e em mim mesmo.

Ao longo dos anos e dos quilômetros, amadureceu a vontade e a necessidade de consolidar tudo aquilo num só lugar, transformar aquela babel de textos em uma história com início e meio, mas sem fim, pois é vida corrida.

Maratonando nasceu como a reunião, revista e melhorada, dos textos já publicados. Escrevi novos capítulos, aventurei-me em outras corridas, e o livro ganhou forma própria e relatos inéditos. E aqui está: a trajetória de um sujeito comum, quarentão, sedentário, que passa a ser iluminada pelo asfalto, pelo barro, pelas árvores e pelas montanhas, pelo frio e pelo suor, pelo sol e pelas tempestades, levando a descobertas muito maiores do que apontam as rotas percorridas.

Venha correr comigo.

Primeiras passadas

Maratona de Porto Alegre

16 de maio de 1999

A fortaleza toma conta do horizonte. Para a direita, espalha-se no topo das montanhas, esconde-se cinzenta pela vegetação que cobre a serra e, de repente, surge imponente. Para a esquerda, sobe a pique o morro, apequenando tudo que a cerca. A Grande Muralha da China, onde outrora guerrearam hunos, mongóis e manchus, agora é palco de outro desafio, pacífico, festivo: uma maratona.

A nós, um punhado de corredores vindos de trinta países, foi reservado um pequeno trecho dos mais de seis mil quilômetros da fortificação que se espalha de leste a oeste pelo norte da China. Breve, mas perigoso: seus três quilômetros e pouco têm mais de 1.700 degraus de tamanhos diversos, áreas semidestruídas e locais com risco de desabamento.

São 7h do dia 22 de maio de 2004, o céu ainda está nublado e sopra um vento frio na praça Yin Yang, no pé da montanha, em uma cidadela fortificada que no passado talvez tenha sido um ponto de concentração de tropas, um vilarejo protegido pela muralha. Hoje, o terreno cercado é dividido em vários blocos e abriga um grande estacionamento rodeado por lojinhas para turistas.

Vou começar o maior desafio de minha curta vida de maratonista. Só de olhar para as montanhas dá medo. Apesar dos meses de treino, não sei se estou preparado para agüentar o que vem por aí. A maratona não admite o erro e cobra em dobro cada passo em falso. Deve-se ter paciência e equilíbrio para administrar as forças, experiência e confiança para vencer o desânimo, resistência e força para chegar ao final correndo inteiro, um atleta vencedor.

É tudo o que eu não tinha ou não era. Fica difícil até saber como cheguei a esse ponto, único brasileiro entre cerca de duzentos atletas a desafiar o dragão chinês, a maior edificação já feita pelo homem, única construção vista do espaço. Descontando os breves e recentes anos de descoberta da corrida, minhas últimas atividades esportivas regulares foram as peladas na hora do recreio, no tempo do ginásio, havia mais de 30 anos.

Jogava na defesa, como todo ruim de bola. Costumava ficar entre os últimos a entrar para o time, mas fazia questão de me movimentar bastante, acreditando nos ensinamentos do filósofo futebolista Neném Prancha: "Quem pede recebe, quem se desloca tem preferência." Era um cabeceador razoável, subia bem e batia forte. Um dia, o cruzamento veio como um foguete, eu saltei na frente, mais alto que todos em volta, já preparando o coice de cabeça, e a bola chegou baixa, explodiu na minha barriga, amassou as partes pudendas. Fiquei lá, caído e dolorido, envergonhado e furioso.

Não foi isso que encerrou minha carreira de beque, mas o desenrolar da vida. Entrei para o movimento estudantil, integrei grupos de estudo, fiz cinema que se queria engajado. A poesia que escrevia na adolescência virou prosa, transformei-me em escrevinhador de contos e publiquei meu primeiro livro, *Abertura 1812*, no primeiro ano da faculdade de jornalismo.

Virei ativista sindical, ingressei na militância clandestina, rodei madrugadas para imprimir panfletos e jornais políticos em mimeógrafo a álcool, contribuí para a imprensa alternativa e participei dos primeiros passos da Organização Comunista do Sul, que mais tarde veio a se fundir com o Movimento Revolucionário 8 de Outubro, o MR-8.

Como responsável no Rio Grande do Sul, estou no expediente do primeiro número do jornal popular *Hora do Povo*, onde fiquei vários e gostosos anos. Foi por causa da militância política, aliás, que nos mudamos para São Paulo, Eleonora e eu. Ela chegou grávida à cidade grande, e fomos tocar o barco, manobrando com o entusiasmo da luta contra a ditadura para superar as dificuldades financeiras e vencer — ou, pelo menos, empatar — a luta pela sobrevivência.

As vitórias oposicionistas no início da década de 1980 não melhoraram muito as nossas condições. Em 1984, com duas filhas, tratamos de conseguir trabalho na grande imprensa e fomos nos afastando das lides políticas. Aos poucos, ganhamos espaço, estabilidade e até férias regulares. Foi numa delas que comecei a correr.

A praia cheirava a mato e merda. Tábuas largas e grossas de madeira vermelha, ainda sangrando de nova e largando forte perfume, estavam atiradas em desordem na areia. Seriam usadas na construção do píer de Canasvieiras, praia comprida e de águas calmas no litoral norte de Florianópolis. O trapiche, como os gaúchos chamamos esse tipo de ancoradouro, passou a ser o marco para as caminhadas de verão.

Ir até o meio do caminho já era um bom exercício. Chegar à obra, então, nem se fala. Em dias muito bons, Eleonora e eu seguíamos para além do píer. Na volta, pelo menos uma vez por ano, íamos até a ponta extrema do trapiche, mar adentro e, depois de muito ciscar, avaliar as condições de temperatura e pressão, conjurar os medos e as coragens, eu fechava os olhos e mergulhava, dava aquele barrigaço sensacional. Voltava à tona sem fôlego, meio desesperado, nadando cachorrinho para ancorar em lugar seguro e seco.

Numa dessas caminhadas, no verão de 1997/1998, sabe-se lá por que cargas d'água, deixei a patroa andando sozinha e fui! Parti em desabalada carreira pela praia, logo caindo para um trote ou assemelhado, tentando chegar até o trapiche, testando se eu conseguiria correr, cumprir a distância, vencer o espaço.

Não lembro, mas diz a Eleonora que ficou furiosa ao me ver simplesmente seguindo sem aviso. Não deve ter sido algo monumental e acho que a zanga foi vencida quando cheguei de volta, caminhando cansado, suado, contando a conquista.

Naquela temporada, ainda fui várias vezes até o píer no meu trote de aprendiz, cobrindo pouco mais de um quilômetro de praia. Comecei a provocar a distância, aumentando o desafio. Galopava na ida, voltava no trote até a metade, caminhava o resto. Antes do final das férias, já fazia ida e volta com facilidade, às vezes chegava até a passar do trapiche.

Na volta a São Paulo, não dava para aceitar ficar trotando como um hamster na esteira da academia. Eu queria as ruas e resolvi encarar a Sumaré, larga avenida na zona oeste da cidade, cujo canteiro central abriga uma pista de ciclismo e é palco para caminhadas e trotes.

Só chegar até a avenida já dava quase um quilômetro. Saía de madrugada, driblava os carros por alguns quarteirões e ia de um ponto a outro. Voltava caminhando, tentava construir alguma condição física. Pelo menos àquela altura da vida já não tinha de brigar contra os maiores inimigos do atleta, o cigarro e a bebida. Na esteira de uma suposta condição de hipertenso (em que até hoje não acredito, mas...), deixara de fumar havia quase dez anos e não bebia nem socialmente desde o início dos anos 90.

Quando consegui ir e voltar correndo, cobrindo quase oito quilômetros no total (os três da avenida e o tanto para chegar a ela), foi uma festa. E fui buscando mais. No meio do feriadão da Páscoa, um dia cinzento e com garoa, bati todos os meus recordes, superei as expectativas, rompi as barreiras: fui e voltei duas vezes pela Sumaré!

Hoje lembro aquela conquista com uma certa ironia condescendente, mas meus esforços eram notados. Os professores da academia em que eu tentava perder a barriga e, também sem sucesso, aprender a nadar, me viam quando passavam pela Sumaré no caminho para o trabalho. Depois, vinham conversar comigo sobre corridas, e um deles comentou que eu devia participar de provas de rua.

Nunca tinha ouvido falar disso, mas imaginei que seria uma boa forma de me testar, ver se estava mesmo construindo alguma coisa. Não dediquei grandes raciocínios nem pensamentos filosóficos à questão: quando consegui informações sobre uma corrida de oito quilômetros, fiz minha inscrição e comecei a contar os dias até a hora da prova.

No domingão de maio, cheio de sol, toda a família se mandou para o campus principal da Universidade de São Paulo, território (quase) livre dos corredores, que aproveitam as alamedas da Cidade Universitária para treinos e, como pude ver então, competições. O percurso era plano e à prova de erros: duas voltas em torno da raia olímpica e se entra no estádio, terminando na pista de atletismo, aplaudido pelo povo das arquibancadas.

Chegar ao primeiro posto de retorno, na miserável marca de dois quilômetros, foi um esforço. Eu sempre trotara, nunca mandara ver nos treinos, e já estava por ali botando os bofes para fora, espumando e resfolegando. Tratei de me acalmar, baixar a bola, fazer o que eu estava acostumado para continuar na prova

— afinal, Eleonora e as crianças estavam por lá, aplaudindo no percurso e me esperando inteiro no final.

A corrida supostamente é uma diversão, e corredores lentos devem se divertir mais ainda, aproveitando o ambiente festivo e o encontro com a natureza, desligando-se do ritmo violento e competitivo do cotidiano. Conversa para boi dormir! Lá pelo quilômetro seis, passa por mim com enorme facilidade um sujeito enorme, gordão, trotando num ritmo que parece tranqüilo. Deu até raiva. Disparei atrás, mas quem disse que eu encostava? Só fiquei bufando, perdi tempo e passei vergonha com meus botões, enquanto o cara nem-te-ligo seguia meio quarteirão à frente. Pelo menos, não vou deixar o sujeito escapar, pensei.

Para minha satisfação e recuperação do orgulho ferido, isso eu consegui. Apertei o passo pouca coisa, sem bufar muito, e mantive o sujeito na mira. Nem prestava mais atenção no percurso. Quando vi, já era hora de embicar para a entrada no estádio.

Fui me entusiasmando e, na pista de atletismo, achei que o cara estava muito feliz e descansado. Resolvi endoidar. Tirando vontade e forças nem sei de onde, abri a passada e disparei — mais tarde, aprendi que a isso se chama *sprint* final. Meu peito estava explodindo, mas a arrancada deu certo: passei o adversário uns metrinhos antes do pórtico, que cruzei gritando como nunca.

Ganhei abraços e beijos das minhas mulheres, um troféu que elas prepararam especialmente e uma vontade louca de me inscrever na próxima corrida. Quem sabe, uma maratona?

Como qualquer sujeito bem informado, conhecia a história heróica de Fidípedes, o soldado grego que, centenas de anos antes de Cristo, correra quarenta quilômetros em uniforme militar completo para avisar Atenas da vitória sobre os persas na batalha de Maratona — combate tido como decisivo para que o mundo ocidental tenha se desenvolvido como o conhecemos. O cara morreu ao cantar a glória, o que torna a lenda ainda mais inspiradora.

Minha inspiração não chegava a tanto. Continuei na trilha da Sumaré, descobri outras provas e conheci um jornalzinho especializado em corridas. Assim, fiquei sabendo da existência de equipes de atletas e de treinadores que orientavam sujeitos como eu. Não era impossível aumentar a velocidade e ganhar capacidade para cobrir distâncias maiores.

Passei a treinar quatro, cinco, seis vezes por semana. Descobri dicas de treinos na internet, orientações nutricionais, sugestões de trabalhos de musculação. Entrei num grupo de corredores e comecei a receber treinamento formal. Participava de fóruns de atletas no mundo *on-line*, trocava idéias, escrevia para um jornal de corredores, lia relatos de experiências transcendentais, de verdadeiras epifanias nas maratonas.

Em maio de 99, quase exatamente no aniversário de minha primeira corrida, cheguei a Porto Alegre para estrear na maratona. Iria tentar cobrir, aos 42 anos, meus primeiros 42 quilômetros, 195 metros — como se sabe, os 42 quilômetros são fáceis, o que mata são aqueles malditos metrinhos.

Quando vi que só havia 850 inscritos, gelei. Minha primeira maratona seria também meu primeiro último lugar, imaginei na hora. Era mais uma coisa para me apavorar, a menos de vinte horas do início da prova. Eu sonhava com esse dia havia mais de seis meses, agora ele estava chegando. Tomara que não fosse um pesadelo.

Foi um sonho. Rodei Porto Alegre, minha pátria, de fio a pavio, saindo do Parcão, passando pelo Mercado, margeando o Guaíba, desviando do Beira-Rio, estádio do rival Colorado, cruzando uma favela da zona sul, homenageando o estádio Olímpico, palco das glórias do Grêmio, deixando para trás a *Zero Hora*, meu primeiro emprego em jornal, embicando pela Ipiranga e rasgando a fantasia na Perimetral, escalando o viaduto da Silva Só e correndo a gritar, disparado, até cruzar a linha derradeira.

Engoli o percurso com os olhos, bebi a paisagem, registrei cada companheiro de prova, lembrei os causos de corredores e ouvi os gritos do público. Na favela, um moleque sujo e barrigudinho puxou o braço do amiguinho e apontou para mim: "Olha o rei Leão!" Depois do viaduto, alguém gritou: "Vai, Sansão."

Naquela altura, eu não tinha mesmo muita alternativa. Disparava, sim, mas estava em pandarecos. Desde o quilômetro 35 uma bolha explodira na planta do meu pé direito, minara minhas forças, comera minha confiança, reduzira minha velocidade. Via outros em situação parecida: alcancei um sujeito que caminhava com os tênis nas mãos, os pés machucados. De vez em quando, colocava o calçado e trotava umas centenas de metros.

Conversando, fomos nos ajudando. Ele falava que não iria parar de jeito nenhum, que a mulher e os filhos esperavam no Parcão. Lembrei de histórias contadas em treinos, de gente que terminou a prova com os pés sangrando, mas cruzou a chegada trotando com o filho, recebido como herói pela família.

A minha, por sinal, estava ali, toda ela ao meu lado. Eleonora, as duas meninas e meu pai lotavam um fusquinha que acompanhou o percurso. Em pontos estratégicos, lá estavam elas aplaudindo, gritando, incentivando, mandando beijos e fazendo com que eu corresse mais, melhor e feliz, até sambasse no asfalto.

Fechei a prova com quatro horas, zero minuto e malditos trinta e cinco segundos. Por muito pouco, pouco mesmo, minha primeira maratona deixou de ser sub-4, uma das marcas emblemáticas no imaginário maratonístico. Essa frustração não prejudicou a festança, mas deixou um fel no espírito e também marcou o início de um aprendizado: o corredor nunca está satisfeito. Quanto mais a gente corre, mais quer correr. Acabada uma conquista, mal damos descanso ao corpo, vislumbramos logo meta mais difícil, mais complicada, mais veloz, mais divertida, mais qualquer coisa que apele ao coração e às pernas.

E foi assim que, um ano depois, na última maratona de Porto Alegre do século XX, baixei meu tempo em sete minutos. Passei a ser um corredor de três horas. Três horas e muito, três horas altas, como se diz, mas menos de quatro.

Paguei caro pelas horas exageradas de corrida, desrespeito às orientações técnicas ou falta de treinamento adequado às minhas condições físicas e faixa etária. Um mês depois da maratona, cheguei à avenida Sumaré para mais um treino e, na primeira pisada no asfalto, uma pontada de dor corta minha perna como se fosse faca, o pé fica no ar. Forço mais uns passos, vou trotar na grama, mas não dá, tenho de voltar caminhando para casa.

Seguiu-se quase um mês de peregrinações por médicos, descobrindo que o fato de o sujeito ser ortopedista não significa que ele tenha capacidade para tratar de corredores. No troca-troca de orientações, que incluíram desde um simples "pare uns dias e depois tente de novo" e um criativo "troque de tênis" até a receita de antiinflamatórios desaconselhados e perigosos para quem, como eu, tivera úlcera, finalmente um médico pediu uma ressonância magnética das pernas.

As imagens não deixavam dúvidas. Estava com fratura por estresse na tíbia direita e síndrome de estresse na esquerda, significando que os esforços da corrida e a falta de alongamento tinham feito com que a musculatura encurtada esticasse o osso como se fosse um arco, provocando microlesões que poderiam, em casos extremos, até vir a causar a quebra do osso.

Quando li o laudo, bateu o desespero. Nunca mais iria correr na vida.

Que nada. O tratamento é basicamente não-invasivo, com fisioterapia, exercícios de alongamento e de fortalecimento da musculatura e redução dos treinos. Deixei de correr por algumas semanas, mas depois voltei, por minutos contados, a trotar em esteira, até que enfim fosse liberado para, brevemente e com cuidado, correr em chão de terra.

Meus primeiros treinos sem dor foram corridos em outubro de 2000, na longa, plana, limpa e solitária Quarta Praia, no Morro de São Paulo, ilha no sul da Bahia. Vinte minutinhos, dia sim, dia não, estavam dizendo que eu voltaria a correr um dia. E já comecei a sonhar com uma maratona, alguma coisa espetacular. Queria ver de perto as maravilhas que conhecia da internet, desafiar e desbravar as terras estrangeiras.

Califórnia dourada

Big Sur International Marathon

29 de abril de 2001

Montanhas, montanhas, montanhas e mais montanhas. De um lado, o mar batendo nas rochas, espumando vigoroso, rugindo, mas também quebrando calmo em pequenas praias solitárias, inacessíveis. De outro, mato, árvores, campos. No caminho, longas, íngremes ladeiras. E vento, vento, muito vento. É a Big Sur International Marathon, aclamada a mais bela maratona do mundo, temida como uma das mais difíceis.

Foram esses predicados que me seduziram quando, no ano anterior, eu enfrentava os trabalhos de recuperação da fratura por estresse e sonhava com uma compensação gloriosa. Em setembro de 2000, ainda machucado, fiz minha inscrição pela internet. Foi providencial, pois em novembro estavam esgotadas as quatro mil vagas para a prova, que aconteceria só em abril do ano seguinte. No total, mais de dez mil corredores participaram do evento, que incluiu também prova de revezamento, caminhada de 21 quilômetros e corrida de cinco quilômetros.

É uma festa que toma conta de Monterey, cidade histórica e turística a 208 quilômetros ao sul de San Francisco, na Califórnia. Durante exatas cinco horas e meia, a Highway 1, estrada que serpenteia pelas montanhas, margeando o oceano Pacífico, fica fechada entre a reserva florestal de Big Sur e a belíssima Carmel, pequena cidade praiana refúgio de ricos e muito ricos.

Foi a Eleonora quem pela primeira vez me falou de Carmel. Ela ouvira o nome no intervalo de uma reunião de negócios no Uruguai, com um empresário argentino que representava uma empresa norte-americana. O sujeito voava o mundo vendendo máquinas e sistemas para jornais e aproveitava a milhagem assim conseguida para fazer viagens particulares, por belas praias. Para ele, o recanto mais bacana que visitara era exatamente o ponto final de minha corrida.

Carmel impressiona mais pela organização e pela pujança do que exatamente pela beleza, ainda mais para quem circula pelas praias de Florianópolis e do Nordeste brasileiro. No alto da avenida principal — e, pelo que vimos, única —, há lojas sofisticadas e restaurantes. À medida que a avenida se aproxima do mar, o comércio vai rareando e aumenta o número de placas indicando estacionamento proibido. É tudo limpo de brilhar, os jardins nas ruas são meticulosamente desenhados.

Há vários quarteirões de paz entre a praia e o burburinho comercial. Ruas com mansões de veraneios, árvores e beleza simples, arrumada. Até demais, talvez. Foi lá que vi pela primeira vez uma estranha viatura do Departamento de Trânsito circulando com uma espécie de régua gigante que sai da lateral do veículo e confere se os carros estacionados estão parados nos limites regulamentados e devidamente pintados no asfalto.

Tudo isso vi meio de passagem, com as idéias enevoadas pelo nervosismo que antecede a prova, pensando no ritmo de corrida, antecipando dores, calculando dificuldades. A cada instante, voltava a imaginar o percurso, conferia o mapa gigante que tinha grudado na porta do quarto e que estava também impresso na minha mente.

O início da Big Sur International Marathon é lá no alto das montanhas.

Somente os corredores podíamos subir até o ponto da largada e exclusivamente nos ônibus fornecidos pela organização da prova. As partidas, de dois pontos em Monterey e outros dois em Carmel, começavam às 3h45. O último ônibus largaria às 4h45.

Cada corredor tinha um bilhete. A cor do passe indicava o horário e o ponto de saída. Pelas regras da competição, Eleonora estava impedida de acompanhar a largada. Procurando dar um jeito, desde fevereiro fiquei trocando e-mails com o diretor da prova, o tenente-coronel reformado Wally Kastner.

Tive não uma promessa, mas um talvez. Na hora do vamos ver, quem disse que eu conseguia falar com o sujeito? A estrutura da prova era impressionante, com dezenas de pessoas trabalhando como voluntários e ajudando nas mesas de entrega de números, venda de produtos e resolução de problemas, no Centro de Convenções de Monterey.

Um salão enorme era ocupado pelas mesas e cabines para atendimento dos corredores, outro abrigava uma feira de produtos esportivos, e palestras gratuitas para os corredores eram realizadas em diversos auditórios. Levei quase uma hora até conseguir convencer uma senhora de que, sim, eu conhecia Kastner (pelo menos via internet) e, sim, ele dissera que este brasileiro deveria procurá-lo.

Foi melhor que a encomenda. Uma vez encontrado o diretor da prova, em poucos minutos recebemos cartões especiais e acabamos colocados no ônibus dos atletas de elite (um mexicano, um casal de russos e meia dúzia de americanos), que sairia às 5h15. Ganhei uma hora a mais de sono e o privilégio de um pit stop em banheiros distantes da multidão.

Mesmo assim, no dia anterior à largada, Eleonora e eu repetimos várias vezes o trajeto do centro de Convenções até o hotel em que estávamos, calculando as passadas e cronometrando o tempo de caminhada.

Chegou, enfim, a madrugada de 29 de abril. O pessoal do motel em que estávamos instalados, num quarto com uma enorme cama e lareira movida a gás, acordou ainda mais cedo para preparar o café dos atletas. Não tinha muito o que inventar: banana, pão, bolo e chá, queijo branco e mel. Mesmo com todos os cuidados com a alimentação, eu passara a noite indo e voltando ao banheiro, suando de tensão e antecipação.

Caminhamos acelerados até o Centro de Convenções e ficamos acompanhando a multidão partir, numa bagunça militarmente organizada. Deu até para relaxar um pouco, pois o nosso carro, o da elite, seria o último a largar.

Era um desses ônibus escolares, amarelões, com o motor na frente, como se vêem nos filmes americanos. O motor roncava e bufava subindo os morros que iríamos descer, deslizava silencioso nas perambeiras que iríamos conquistar. Com o clarear da manhã, aos poucos começou a ser possível ver o caminho. Um americano ao meu lado me apresentou ao Hurricane Point (Ponto do Furacão), o pico da corrida, a quase 180 metros acima do nível do mar: "É *láááááá* que nós vamos subir", disse ele.

Bueno, a gente ia ter de subir mesmo. Mas isso seria mais tarde. Agora, por volta das 6h30, finalmente chegávamos ao ponto da largada, no Pfeiffer State Park.

A organização e os serviços estavam impecáveis, como tudo ao longo de todo o tempo. Bancas com bananas em pedaços, laranjas cortadas, isotônico e água. Montes de banheiros, com filas enfrentáveis. Música. E um locutor anunciando quanto tempo faltava para o início da prova.

Peguei uma garrafa de água, tomei uns dois, três goles, fui para a fila dos banheiros para dar a última antes de começar a correr. Quando faltavam 15 minutos, eu ainda tinha uns cinco pela frente. Resolvi tirar a roupa ali mesmo.

É que, por causa do frio de rachar, todos os corredores estávamos agasalhados. A ordem era colocar a roupa em um saco plástico, marcado com o número do atleta, e deixar nos ônibus, que iriam esperar no final.

Deixei com a Eleonora meu abrigo, as luvas e o gorro. Estava frio, na casa dos sete, oito graus, mas o sol brilhava, achei que não iria precisar de mais agasalho. Às cinco para as sete, entrei no cercado, fiquei na área dos que iriam correr entre 3h45 e 4h30 (mais para 4h30, previa).

Houve uma revoada de pombos brancos, foi cantado o hino norte-americano. O locutor anunciou que faltava um minuto, depois 30 segundos, 10 segundos, largada!

Cheguei a ficar com os olhos molhados de emoção, mas correr, que é bom, nada. Caminhando no meio da multidão, que, aos poucos, se movimentava, levei mais de um minuto até passar pela faixa de largada e só então comecei a dar passadas que imitavam alguém tentando trotar.

Alcancei o marco da primeira milha em quase 11 minutos, passei a segunda com mais de 21, a terceira completei com meia hora de prova. Tudo ainda no meio da massa, quase sem correr, ainda sentindo muito frio, sem suar, sabendo que estava na parte mais fácil da prova, uma descida de 50 metros ao longo de cinco milhas, e que não podia me entusiasmar.

Mas o fato é que estava aumentando o ritmo. A cada milha, indicada por marcos na forma de violoncelos gigantes de madeira, um voluntário gritava o tempo transcorrido e outro informava a média por milha, avisando o tempo total previsto para aquela média. Lá pela quarta, a minha já estava em menos de dez minutos (6min15/km).

Sensacional. Não precisava olhar o relógio nem fazer cálculos para conversão de milhas em quilômetros (cada uma vale aproximadamente 1,6 quilômetro). Podia, assim, prestar mais atenção ao freqüencímetro, que monitorava as batidas de meu coração e indicava um ritmo de treino leve. Tudo bem que não era para sair como louco, mas preguiça também não dava.

Aumentei o ritmo para 150 batimentos por minuto. No planejamento da prova, acreditara que daria para correr a maior parte do tempo a 160 bpm, mas achei melhor ser prudente. O ritmo ideal de prova é calculado com base na freqüência cardíaca máxima, que varia conforme a história da pessoa, a idade, a forma física e mais uns tantos elementos — grosseiramente, porém, a fórmula 220 menos idade (no caso, 220-43) dá a freqüência máxima prevista.

Naquela altura, mesmo fazendo pouco esforço, conseguia manter um ritmo que levava minha média horária para a direção desejada. Eu já estava num pelotão intermediário. Mais solto, passadas mais largas, resolvi aproveitar mais o caminho, curtir a paisagem. Afinal, não era aquela a mais linda maratona do mundo?

Quando, depois de uma subida em curva para a esquerda, vi o mar pela primeira vez, batendo nas rochas, lá embaixo, comecei a acreditar que talvez fosse mesmo. Também era das mais animadas: a cada milha, os corredores éramos recepcionados por uma banda, um grupo musical ou mesmo só um fulano fazendo som. E a cada duas milhas e pouco havia uma estação de abastecimento.

Haja abastecimento! Começa com água, depois isotônico, a seguir frutas e por fim esponja molhada para jogar água na cabeça e nas costas. Montes de latas de lixo para garantir que o mínimo possível vá parar no chão — e os copos de papel jogados são logo recolhidos. Alguns metros à frente, uma bateria de banheiros — razoavelmente limpos, plenamente utilizáveis sem risco de intoxicação, a julgar pelo único em que entrei, na altura da vigésima milha.

Foi nesse passinho, já um pouco mais rápido, que cheguei à quinta milha (km 8) e comecei a enfrentar a primeira subida. Entusiasmado com meu bem-estar, até me esqueci de tomar o gel energético programado para aquela altura.

A única incomodação era o vento frio. Mas, como eu ainda estava bem forte, descansado, não sentia muito. Sabia que estava sofrendo um pouco, mas nada para dar muita bola. Como se fosse um mosquito zunindo na hora de dormir.

Começou a primeira subida mais forte. A paisagem ficou mais selvagem, as encostas da montanha já passavam a ser escarpas, as ondas espumavam nas rochas.

Aproveitei para tirar fotos com uma câmera levíssima, especial para ser carregada no cós do calção ou no cinto da pochete, que tinha comprado na exposição que fez parte do evento (funcionou sexta e sábado e foi um verdadeiro parque de diversões para corredores, com bancas das melhores marcas de tênis, roupas, relógios — e muita comida de graça, especialmente barras energéticas e sucos especiais, tudo ótimo, com destaque para os maravilhosos achocolatados).

Foi por aí, numa subida, que tive o primeiro diálogo com outro corredor. Pedi a uma americana que fizesse uma foto minha, e a gringa passou batida, dizendo que não tinha tempo. Engoli, esperei que ela se mandasse e fui atrás, só para ter o gostinho de passar e deixar que ela tivesse uma magnífica visão de meus calcanhares. Pense bem: que tanta pressa pode ter alguém que está fazendo mais de seis minutos por quilômetro lá pelo km 12?

Em compensação, ela ficou vendo por algum tempo a bela sola de meus tênis. Deveria ser uma visão magnífica, pois, como se sabe, os tênis são objeto de desejo de todo corredor e seu equipamento mais importante. Para mim, então, que tenho pé chato, funcionavam também como auxílio para corrigir a passada.

É que, como fui descobrir só depois de vários meses de treino, há sapatos especiais para os principais tipos de pisada. Em geral, quando corre, a pessoa bate primeiro no chão com a parte externa do calcanhar e então faz um leve movimento para dentro e embica o pé reto, já dobrando a parte da frente para impulsionar o próximo passo.

A maioria das pessoas faz isso com precisão e elegância. Algumas, porém, que têm o arco do pé mais alto, batem firme e forte no chão com a parte central ou interna do calcanhar: são os supinadores. E um grande número faz a entrada normal e então gira o pé com mais amplitude, amortecendo o choque, mas também correndo risco de torção. A isso se chama pronação excessiva, característica muito comum entre os que têm pé chato, como eu. Os tênis para nós são sempre os mais largos, mais pesados, mais feios e mais caros, cheios de tecnologia para manter a passada no prumo.

Tudo isso para contar a visão que dei à gringa. Mas foi por pouco tempo, pois ela não agüentou ficar nem no ritmozinho que eu seguia. Continuei na minha, sabia que ainda haveria muita beleza para curtir. Depois de uma longa curva, deu para ver o que vinha pela frente: lá longe estava o caminho que levaria ao Hurricane Point. Antes, tinha de subir mais um pouco e depois rolar lomba abaixo, dando uma boa acelerada e cuidando para não perder o controle. Abrindo a passada, mas mantendo o fôlego para trocar com os parceiros comentários, exclamações sobre a subida que estava para vir.

Cheguei ao ponto mais baixo da prova, a cerca de 20 metros acima do nível do mar, e comecei a subir. Tinha tomado o gel que levava na pochete lá pelo km 13, depois de recusar o gel distribuído a cada duas estações. Passei a décima milha (km 16) com 1h32, já no passo que seguiria mantendo quase ao longo de toda a prova.

Os americanos podem falar as barbaridades que quiserem daquele morro – e é um senhor morro, equivale à soma empilhada de umas três Brigadeiros, a temível subida da famosa corrida paulistana de São Silvestre –, mas ele não mata ninguém, ou pelo menos ninguém que tenha treinado com afinco e se jogue para manter o ritmo.

Foi o que fiz, ainda parando para mais umas fotos. Quando vi, já chegava ao tal Hurricane Point. Dei um berrão, daqueles bons, em português, gritando: "Vambora pessoal, que agora é só lomba abaixo!"

Os em volta riram, mesmo sem entender nada, e eu segui minha recomendação. Passei a meia-maratona com 2h02, feliz, forte, relaxado, e aí comecei a acreditar, achando que talvez desse para pensar em tempo.

De certa forma, sabia que eu mesmo estava me enrolando quando gritei que agora era só lomba abaixo. Basta lembrar da altimetria, o mapa das variações do terreno da prova, para saber isso. Tinha consciência de que estava me enganando, lembrava até de comentários lidos na internet, em que corredores reclamavam mais das ondulações da milhas finais do que do Hurricane Point.

Mas resolvi seguir no me engana que eu gosto e fiz as milhas mais legais da prova. Lá pela 16, com quase dois terços do percurso já superados, finalmente cheguei a um ritmo que previa conclusão em quatro horas. Se conseguisse, seria muito, mais muito melhor do que imaginara realizar.

Foi quando pela terceira vez bati um papo na estrada. O corredor viu os escritos em português na minha camiseta (tinha meu nome, o da minha mulher, das minhas filhas, dos meus pais e meus irmãos, de Porto Alegre, do Rio Grande do Sul, do Brasil, de todos os meus cachorros, vivos e mortos, e de minhas músicas especiais do coração) e puxou conversa.

Haja coincidência: o americano tem uma amiga que mora em Porto Alegre. É uma arquiteta que ele conheceu em Madri. Até me disse o nome dela e de seu escritório, mas me esqueci no mesmo instante.

Rodamos juntos um pouco, um forçando o ritmo do outro, mas na estação de abastecimento depois da milha 17 eu fiquei para trás, bebendo minha água calmamente, caminhando, como tinha feito em todas as estações e como seguiria fazendo até o fim (caminhando porque era mais prático, para não derramar água, e não por causa dos ensinamentos de Jeff Galloway — ex-atleta olímpico norte-americano, escritor e um dos palestrantes nas sessões do dia anterior, defensor de caminhadas de um minuto a cada quatro corridos ou o ritmo que cada um achar melhor para si).

Subi até a 18 e aí dei uma fraquejada. O caminho era mais ou menos plano até a milha 20 (32 km), com algumas inclinações, uma ou outra lombada. Mas vinha o vento, e aí eu senti mesmo. Numa curva, empurrava pelo lado. Quando soprava de frente, parecia me segurar, jogar para trás. Eu não tinha como fugir. Correndo em campo aberto, sonhava com a próxima curva, curtia a chegada de um paredão ao lado, para pelo menos o vento não encanar.

As costas estavam doloridas, o pescoço começou a endurecer, anunciando um torcicolo daqueles. A cada subida, as coxas pareciam empedrar, as panturrilhas teimavam em não querer obedecer, as passadas ficavam mais curtas. Na milha 21, a previsão de chegada estava em 4h04 e subindo.

Será que eu estava, afinal, batendo na parede? É como os corredores chamam o momento da prova em que, sem aviso, as forças se vão embora, a dor na musculatura toma conta do pensamento, os pés inchados formigam, a vontade de concluir fraqueja diante da sedução de descansar.

É que o corpo é movido pela comida transformada por nossas usinas internas e armazenada em forma de glicogênio. A gente vai correndo e usando as reservas, que uma hora acabam. Quando isso acontece, o corpo busca outras fontes de energia e se alimenta dos músculos, uma espécie de autofagia química que deixa o corredor cada vez mais fraco. É por isso que a gente precisa se reabastecer — eu vinha consumindo mais ou menos a cada hora um saquinho de carboidrato em gel, uma meleca adocicada que supostamente repõe as energias gastas no exercício.

Não estava funcionando. Com beleza e tudo, paisagem e o escambau, meu ânimo balançou. Bateu um desalento. Se continuasse assim, dali a pouco estaria caminhando, mais um pouco iria parar, sei lá. Achava que não ia dar, mas percebi que, se largasse de mão, não daria mesmo. A ordem tinha de ser outra: elegância, peito aberto, pescoço relaxado, braços se mexendo, calcanhares no alto, tornando a passada mais ampla e veloz.

Pau! Talvez não conseguisse quebrar as 4h, mas também estava decidido a não fazer menos do que já tinha conquistado.

A essa altura já estávamos chegando a uma parte menos selvagem, habitada de longe em longe. Mais gente surgia de vez em quando na estrada, aplaudindo, incentivando. Alguns gritavam o meu nome, escrito no peito. "Way to go, Rodolfo!" "Good job!"

Não tão bom, porque a previsão continuava 4h04 na milha 23, mesmo com o freqüencímetro nos 160 (é verdade que também caía até os 120, 136...). A temperatura, lá pelas 10h30, estava mais alta, o sol brilhando forte, mas nada que se possa chamar de calor. Aliás, com o maldito vento, eu até torcia pelos trechos onde pudesse pegar sol.

Revisava na minha cabeça o que ainda viria pela frente, lembrando o mapa da altimetria. Eu estava numa descida que seguia até lá pela milha 24,5. Depois, se a memória não me enganava, viria uma lomba mais íngreme, seguida por duas pequenas quedas e então era a corrida para o abraço.

Nada disso. As descidas eram mais curtas, as lombas mais inclinadas, os pequenos trechos planos mais chatos. Só o que eu sabia é que não ia deixar o freqüencímetro baixar dos 150 bpm e que ia ter força para chegar bem.

Sei lá a quanto foram os batimentos. Quando eu vi, estava na milha 25, era só mais uma, no meu relógio faltavam oito minutos para as quatro horas, eu já tinha feito, em treino, 1.500 metros em 7min20, quem sabe desse para quebrar, fechar em sub-4.

Dar, não ia, eu sabia, tinha a milha mais umas tantas jardas, os tais 195 metros que matam, mas talvez...

Pau! Chinelo neles. Levanta os calcanhares, olha para a frente, vai buscar.

Tem mais um verdinho para derrubar, como eu apelidara os corredores do revezamento, que usavam número verde às costas (os maratonistas tínhamos número vermelho no peito). Como cada um deles corria apenas um pedaço do percurso, passavam voando por nós, não fazendo mais que a obrigação. Mas muitos fraquejavam no entusiasmo, e minha diversão era ultrapassá-los.

Uma baixinha que eu tinha deixado para trás voltou a me superar, um outro sujeito me passou também faltando 500 metros, lá na frente eu via uma garota de camiseta laranja na qual estava escrito "26.2 Dream a little, sweat a little" (Sonhe um pouco, sue um pouco; 26.2 é a distância da maratona, em milhas). Ela havia me passado algumas vezes desde a milha 16, eu tinha dado o troco outras tantas.

Fui! Sei lá se alguma coisa estava doendo, era a hora de abrir a passada, ouvir o rugir do pessoal que estava na chegada. Ainda pensei em ver Eleonora, em gritar Brasil!, mas, que nada, corri.

Passei a baixinha, a outra, o cara de calção azul, estava entrando no funil, um fiscal encaminhou a garota de camisa laranja para um lado, fui para o outro, cheguei!

4h02min11 marcou o relógio oficial. 4h01min16 foi o meu tempo líquido para as 26,2 milhas. A segunda metade foi melhor que a primeira, o joelho não doeu, as canelas não fraquejaram, o pé não torceu. Eu estava inteiro, estava sobrando.

Recebi a medalha, um medalhão de argila com inscrições em azul e uma gravura da tal ponte Bixby, o cartão-postal de Big Sur, onde um músico manda ver num piano eletrônico superpoderoso, que lança sons pelo mar e montanhas. Logo depois, ganhei uma espécie de cobertor de um plástico especial. Entrei numa fila de nada para subir num pódio e fazer a foto oficial e fui para a barraca da comida.

Era um barracaço! Montes de comida! Logo na entrada, cada um pegava uma caixinha de papelão e seguia para atacar uma caixa de laranjas cortadas, bananas gigantescas, morangos vermelhíssimos, suculentos, barras de cereais, copinhos de salada de frutas e compotas, pão (os tais *bagels*), passas e suco de fruta. Quando vi que não precisava ser um por cabeça, voltei, peguei outra caixa e fui enchendo com as barras, que são ótimas, as passas, de que Eleonora gosta, e o suco, que eu adorei de início, mas era doce demais.

Saindo da barraca, continuava no cercado de atendimento aos corredores. Um imenso trailer servia cerveja às pamparras. Abri mão, imaginando quem seria o doido que recomendava álcool àquela altura, e logo ouvi meu nome.

Gritei de volta, berrei, vi a Eleonora, saí correndo para o abraço, beijo, abraço. E ganhei flores, cravos vermelhos, o único.

Meio abobado ainda, voltei para pegar sopa quente, um minestrone dos bons, para Eleonora e para mim. E ataquei de novo a barraca de comida.

Saí do cercado para ficar com Eleonora, fomos para um canto, comer descansadamente, tirar as fotos oficiais para nós, eu com a medalha, ela com a medalha, os dois abraçados.

E ela me empurrando, "vamos para lá, fazer fotos com as bandeiras". Não entendo direito, olho para trás, para o funil de chegada, vejo os mastros. Lá estão as bandeiras dos Estados Unidos, da Alemanha, lá no fim a da África do Sul, mais um pouco para cá a do México, e ali, não muito perto nem muito longe, a bandeira do Brasil.

Ela tremulava para mim. Verde-amarela, a mais linda do mundo.

Pátria dos ultras

Two Oceans Marathon
Cidade do Cabo, África do Sul

30 de março de 2002

"Eleonora, eu te amo!" foi a última frase que gritei antes de cruzar a linha de chegada, depois de 56 quilômetros corridos, caminhados, chorados, conquistados nas montanhas, vales e planícies da Maratona de Dois Oceanos, sob o sol de mais de 30 graus que iluminou o dia 30 de março de 2002 na Cidade do Cabo, África do Sul.

Meu grito foi de paixão e agradecimento por quem acompanhou, inspirou, reclamou, incentivou, organizou postos de abastecimento em longões, sofreu e se divertiu durante os cinco meses de treinamento que me levaram até o fim de minha primeira ultramaratona.

O dia começara cedo para nós. O despertar foi às 4h. Tomamos o café no quarto: duas fatias de pão para cada um (Eleonora, que parecia mais agitada que eu, mal comeu as dela), banana e chá de camomila. Botei a roupa de corrida, incrementada por sensacionais meias alemãs de design especial (acompanha o formato de cada pé) compradas na boa feira que antecedeu a maratona. Vesti o agasalho, coloquei a pochete com seis sachês de carboidrato em gel, a outra com a câmera fotográfica, e saímos.

Iríamos tentar completar uma travessia que eu iniciara no início do ano, passando por treinos duros, momentos de desânimo, rodagens solitárias de várias horas, só acompanhado e apoiado pela Eleonora, e um final de preparação muito alvissareiro.

As últimas duas semanas são decisivas em qualquer processo de treinamento para provas longas. É a hora de dar o polimento final no estilo e no ritmo, reduzir bem a quilometragem e descansar a musculatura para ficar em ponto de bala na prova.

Na semana menos um, rodei 63 quilômetros, cerca de 25 quilômetros a menos do que vinha fazendo no último mês. Foram três dias rodando leve, a menos de seis minutos e meio por quilômetro, e três de treinos especiais, buscando lembrar experiências de todos os treinos anteriores e formando o espírito para a disputa que viria.

O primeiro foi mais uma brincadeira de correr, buscar velocidade. Duas séries de tiros de 800, 600, 400 e 200 metros, fazendo sempre na distância o que daria, por quilômetro, menos de quatro minutos e meio. Arrepiei em todas, muito divertido. O outro treino, dois dias depois, foi bem sério. O objetivo era ficar no ritmo de seis minutos por quilômetro, e nessa exata balada corri no Ibirapuera três voltas de sete quilômetros. Finalmente, um dia antes de viajar, dei um tiro de 5.000 metros em pista de 400 metros, rodando para cinco minutos por quilômetro, só para ver se conseguia. Foi bom para o moral da tropa e aumentou a consciência de que eu era capaz de dominar o ritmo.

Viajamos, Eleonora e eu, na tarde de domingo, seis dias antes da prova.

O vôo esteve tranqüilo até os 15, 20 minutos. Então começou uma turbulência de dar medo, a pior que já enfrentei nesses anos de viagens. O comandante garantia que ia passar, que era uma turbulência que vinha acontecendo nos últimos dois dias, ao sair de São Paulo. A gente fingia que acreditava...

Passou, veio o jantar, a comida especial estava arranjada mesmo, tudo em riba.

Chegamos a Johannesburg com quase uma hora de atraso, eu já temendo a perda da conexão, ainda mais que tivemos de pegar as malas, passar pelo controle de passaporte e pela aduana. Mas daí fizemos o check-in logo ao sair da aduana, um auxiliar nos levou correndo, com as malas, até o portão de embarque, largamos a bagagem no lugar indicado e fomos embora, torcendo para que as malas chegassem ao vôo.

Deu tudo certo. No aeroporto estávamos sendo esperados, como combinado com a agência de turismo, fomos para o hotel, um quatro estrelas bem razoável, e desabamos.

Os próximos dias seriam de descanso. Passeávamos umas cinco a oito horas, incluindo o tempo de comer, e o resto era dormir. Visitamos a Robben Island, que foi sede de presídio político no tempo do *apartheid*, tendo abrigado por longos e torturados anos o líder negro Nelson Mandela, sempre encerrado, solitário, na cela número 5 do pavilhão B. A visita é ciceroneada por um ex-preso político, e os visitantes passam boa parte do tempo procurando disfarçar a emoção, esconder as lágrimas.

A ilha foi, ao longo da história, resort de potentados e depósito de leprosos, passando por base militar, cemitério de navios e, finalmente, presídio. Dos restos de prédios e da memória da violência racista, a visão que mais me emocionou foi um pequeno monte de pedras, todas elas mais ou menos do mesmo tamanho, arredondadas. Cada uma tinha sido colocada por um negro preso e torturado. Era a forma de eles dizerem, ao fim de um dia de trabalhos forçados em que não podiam falar uns com os outros, que estavam vivos e que estavam unidos. E que iam resistir.

A cidade tem muitas lembranças desse período brutal, mas segue a vida, agora livre, e procura festejar com as belezas naturais. A mais esplendorosa é a Montanha da Mesa, impressionante rocha de mil metros de altura que domina o perfil da Cidade do

Cabo. Um teleférico leva os visitantes até o topo careca do morro, que também pode ser escalado por trilhas. Lá no alto, vários grupos oferecem passeios radicais, como um rapel poderoso, que agradeci. A poucos dias de fazer uma ultramaratona por montanhas, debaixo de sol, não queria saber de aventuras.

O mais indicado era mesmo circular para cima e para baixo no shopping Vitoria&Alfred Waterfront, onde fazíamos as refeições (em geral, peixe, legumes e batatas, mas no primeiro dia não deixei de comer kudu cozido, que é uma espécie de veado). É um enorme complexo de lojas sofisticadas e outras mais barateiras, cinemas e restaurantes. Num dos pavilhões há uma feira de artesanato, e um aquário gigante também faz parte do conjunto.

Os treinos da semana final foram trotes de meia hora na terça, quarta e quinta. Basicamente, sair do hotel, trotar 15 minutos em uma direção, ver o movimento, descobrir algum lugarzinho diferente para levar Eleonora e voltar. Na sexta, véspera da prova, descanso. O restaurante em que fiz o almoço — pão e fetucine à napolitana — já tinha sido testado anteriormente; o jantar foi no hotel mesmo, só um sanduba pelas 20h, porque o almoço fora por volta das 15h.

Não deu para dormir muito, mas procurei descansar o possível. Os 56 quilômetros me esperavam para dali a pouco, eu tinha de estar pronto para eles.

O táxi contratado estava lá, na porta do hotel, e nos levou em boa velocidade por um percurso de largas avenidas até a entrada da Universidade da Cidade do Cabo, onde começou um engarrafamento que já bateu nos nervos.

Mas pouco depois das cinco chegamos próximo ao campo de futebol onde seria o final da prova e de onde, supostamente, sairiam ônibus levando os corredores para a largada.

Nananina. Não se viam ônibus em lugar algum, e resolvemos acompanhar o fluxo de corredores, que seguiam agitados para a área de largada.

Mais nervoso fui ficando eu, caminhando pelo campus, saindo, entrando noutra avenida, tudo escuro, e a maldita largada não aparecia.

Estava lá, claro, na Main St. em Newlands, uma avenida larga, mais ou menos como a Consolação, mas sem o canteiro central e ladeada de árvores (a cidade é muito arborizada). A área de concentração ficava a cerca de três quilômetros do ponto de chegada, onde tínhamos desembarcado do táxi.

Tudo bem. Encontrei o meu potreiro, marcado com a letra E, para corredores que tinham completado maratonas em menos de 4h10, e fiquei por lá com Eleonora. Já tinha colocado o agasalho na mochila e passado vaselina nas coxas e embaixo do braço — nos treinos e provas longas, é bom sempre deixar essas regiões bem protegidas, porque o atrito das passadas e dos movimentos dos braços pode criar assaduras bem doloridas.

Fui conferir as filas dos banheiros, estavam grandes demais, fiz o que tinha de fazer por ali mesmo e voltei para a foto final antes da despedida.

Entrei na área de concentração com menos de dez minutos para a largada. Assim como o meu grupo, os outros estavam bem organizados. O nervosismo no ar e a concentração de todos eram perceptíveis, mas não havia bagunça nem empurra-empurra apesar de a multidão somar quase dez mil pessoas. Um locutor anunciava o tempo que faltava. Com dois minutos, a massa se compactou mais, cada um pôde dar uns cinco, seis passos à frente. Com um minuto, foram derrubadas as cordas que separavam os potreiros, alguém tocou uma corneta, mas não era o sinal. Ainda compactamos mais, eu já conseguia até ver a faixa verde onde a palavra Start estava escrita com letras brancas.

Foi!

Ao som da música-tema de *Carruagens de fogo*, a massa começou a se mover. Caminhei alguns segundos, mas logo comecei a abrir a passada, dei formato de trote ao passo muito mais cedo do que em provas bem organizadas no Brasil e sem qualquer comparação com a corrida de São Silvestre, em São Paulo.

Passei pela faixa de largada um minuto e vinte depois do tiro e acionei o cronômetro. Agora, sim, começava a jornada.

O maior desafio, no início de uma prova como essa, é não correr. A adrenalina sobe à cabeça, o ritmo dos outros é desafiador, você está livre, leve e solto, só quer mandar ver. Mas não pode: o erro aqui vai custar caro. Você está descansado, passou uma semana relaxando, aprontando os músculos para essa hora. Cada pedaço do corpo quer se soltar, se atirar, liberar a energia e a força que tão cuidadosamente foram construídas no treinamento. O cérebro e a consciência precisam tomar conta, assumir o comando, conter a vontade e a emoção.

Mesmo assim, passo o primeiro quilômetro sem sentir, controlado e leve, num ritmo de treino fraco. Fiquei feliz, os batimentos cardíacos se estabilizaram em torno de 140 bombadas por minuto, e a partir de então deixei rodar, sabendo que poderia, aos poucos, aumentar a velocidade até chegar ao que deveria ser o ritmo de cruzeiro.

Era noite fechada ainda, só a iluminação da rua permitia ver os colegas próximos. A cada quilômetro, o céu negro ganhava mais tons de azul, escuro primeiro, clareando em seguida.

Àquela hora, ainda poucas pessoas aplaudiam ou chegavam à janela para saudar os corredores, mas os voluntários, em compensação, eram entusiasmados e prestativos, fornecendo água a pequenos intervalos — cheguei a pensar em recusar algumas vezes, tão próximo parecia ser um posto de outro, mas mantive a disciplina de pegar água em todas as estações, nem que fosse para tomar apenas um gole.

Hidratar era fundamental, mesmo àquela hora, em que a temperatura ainda estava por volta de 16 graus. Mas, sem vento, ali pelo km 3 o suor já começa a se fazer sentir.

Nesses primeiros dez quilômetros, passamos pela área mais habitada do percurso; aparentemente, são bairros da bela Cidade do Cabo. Bares, pequenos shoppings, escolas, casas ladeiam a avenida por onde passamos.

Pouco antes das sete começa a nascer o dia. Os primeiros raios de sol iluminam um novo cenário: à esquerda, estrada de ferro; à direita, campos; ao longe se vê o contorno de montanhas. Nós vamos bater lá, chegar a mais de 300 metros acima do nível do mar, ver o Atlântico depois de ter margeado o oceano Índico. É por essa beleza toda e pelo desafio que o percurso oferece que a Two Oceans se transformou numa das mais importantes provas da África do Sul.

Essa corrida vem sendo disputada desde 1970, quando 26 corredores, na época tratados mais como doidões do que como atletas, partiram para desafiar o vento, a chuva e as montanhas. O campeão foi Dirkie Steyn, que havia vencido uma maratona convencional apenas uma semana antes e levou a taça com o tempo de 3h55min50 — apenas outros 14 corredores completaram o percurso em menos de seis horas (hoje o tempo máximo permitido é de sete horas).

Essa ultra oferece três grandes desafios: a distância (poderosos 56 quilômetros), o percurso (com muitos altos e baixos, inclusive uma subida de mais de 300 metros) e o clima (em geral muito quente e com ventos na contramão). Por isso, é usada por muitos corredores da região como o treino de avaliação, o apronto final de quem quer correr a Comrades, maior ultramaratona do mundo, que reúne mais de dez mil atletas para enfrentar cerca de noventa quilômetros de estrada.

Por aqui, nós estamos enfim, depois de quase uma hora e meia de corrida, sentindo o gostinho do mar. Em certos momentos, a estrada corre logo ao lado do mar; em outros, há ainda uma linha de trem entre nós e as ondas do Índico. No trecho em que passamos, não vemos grandes praias. Uma delas é tão pequena que parece destinada apenas a ser o playground das crianças que freqüentam a escola praiana. Mas não dá para pensar muito nisso, porque a montanha à nossa frente está mais próxima.

As tais subidas foram sempre um dos fantasmas de meus treinos. Procurei, nos meses de preparação, incluir longas escaladas nas minhas corridas quase diárias. Aproveitava o sobe-desce das ruas de São Paulo, corria quilômetros desde casa até a Cidade Universitária, para subir repetidas vezes a rampa da Biologia, mais de um quilômetro de forte exigência da musculatura. Cheguei a fazer um treino de cinco horas, cobrindo quase uma maratona solitária, só com Eleonora a acompanhar de carro, dando apoio, água de coco e gelo.

Então, no percurso relativamente plano que ainda trilhamos, meu ritmo melhora, eu fico um pouco mais seguro, dá até para conversar com quem está por perto, todos mais ou menos na mesma balada, em torno de seis minutos por quilômetro.

Não puxo conversa com ninguém, mas respondo sempre aos cumprimentos: muita gente quer saber de onde sou (no meu número está escrito "international"), saúdam o Brasil, Ronaldinho e por aí vai. Todos incentivam, é bem legal.

Nesse pelotão, há dois corredores de Durban, com camiseta branca e laranja/rosa fosforescente ou sei lá que nome dar à cor.

Outra turminha é formada por um sujeito bigodudo, mais gordinho, e duas moças, uma quarentona e outra mais jovem, todos uniformizados em verde-e-branco, com o nome Irene nas costas, o que dá motivo para gozações com o gordinho. Os dois de Durban são os mais brincalhões, fazem piada com todo mundo e contrastam com o sisudo silêncio de uma dupla de moças suíças, que vestem modelitos curtinhos e apertados, lembrando os uniformes das meninas do vôlei de praia brasileiro. Consistentemente na frente do pelotão, mas sem se desgarrar muito, vai uma jovem loirona grandona, de óculos de armação preta e camiseta de Pretória (capital administrativa do país).

Essa é a minha turma. Outros corredores passam, voltam, a gente passa por eles. Uma senhora de seus 60 anos, Christine, ostenta nas costas da camiseta um galardão com seu número definitivo bordado em prata, indicando que já correu muitas vezes por aquelas montanhas, chegando ao fim, por pelo menos três anos, em menos de 4h30. Um senhor também sessentão corre com uma enorme pena amarrada à cabeça e leva na camiseta as marcas da glória: números em pano da Two Oceans e da Comrades mostrando que já completara doze vezes o terrível desafio de quase 90 quilômetros.

"Pode vir com a gente, vamos ficar em seis por quilômetro", diz um dos caras de Durban para as garotas suíças. Eu fiquei só ouvindo, mas em silêncio recomendo aos caras que é muito cedo para dizer quem vai chegar quando. Passo um pouquinho, só para ver no que dá, eles emparelham, fica tudo igual. Chegamos à montanha, mas não vai ser para subir no mesmo ritmo. É só contornar pela esquerda, num caminho que segue plano. Já são mais de 18 quilômetros, estou a menos de seis minutos por quilômetro e mantenho a freqüência em menos de 150 bpm. Agora a paisagem é mais agreste, ainda que vejamos casas de vez em quando.

Mas a subida vai começar em breve.

Passo o km 21 em 2h04, melhor do que na meia maratona do Rio do ano anterior. Pela altimetria divulgada, faltam quatro quilômetros para o começo da subida, em que vamos cruzar uma montanha para chegar ao ponto em que se vê o Atlântico e depois descer até a área urbanizada e terminar na universidade. Na verdade, porém, desde o km 19 enfrentamos pequenas ondulações — coisa pouca, mas suficiente para uma certa queda de ritmo e, principalmente, para começar a martelar as panturrilhas e os quadríceps.

É quando vejo pela primeira vez, de longe ainda, um sujeito que parece de origem japonesa, atarracado, fortinho, que carrega uma flâmula com os dizeres: "Sure bronze — sub 6h". Fiquei muito feliz de chegar próximo a um dos ditadores oficiais de ritmo e confirmar que estava no bom caminho: apesar de meu objetivo ser simplesmente terminar inteiro, tinha a ambição de completar em menos de seis horas e ganhar a medalha colorida de bronze. Ela é o prêmio para os que completam a prova entre quatro horas e meia e seis horas. Os primeiros dez ganham medalha de ouro, a prata fica para quem termina em até quatro horas e meia, e os que fazem em mais de seis horas levam medalha com detalhes em azul.

Até o km 25, o japonês marcador de ritmo esteve na minha linha de visão, às vezes uns 30 metros à frente, às vezes bem menos, outras um pouquinho mais, mas circulávamos na mesma batida.

Foi quando começou a subida. Nada muito íngreme, a princípio, mas constante e serpenteando morro acima, às vezes com forte inclinação lateral (como nos circuitos ovais de ciclismo), exigindo constante mudança de lado, na pista, para conseguir um terreno mais plano.

Decidi dar uma segurada no ritmo, agradecendo às horas que passei no treinamento de musculação. A força construída nas ruas e nos exercícios iria agora ser desafiada, posta à prova.

O japonês da flâmula se desgarrou, já não o via mais, também por causa das curvas. A guria de Pretória já tinha se ido embora, mas, em compensação, os outros da turma haviam ficado para trás. As suíças, não via desde o 18, 19; os Irene e os de Durban lá pelo 27 tinham sido passados. Mas isso não serve para me alegrar, porque o morro e o calor derrubam minha velocidade: quando chego ao km 30, já perdi quase dez minutos em relação à média de seis minutos por quilômetro.

Logo ouço uma voz conhecida: "Brasileiro, vou passar", diz o fulano. "Esteja à vontade", respondo para um dos caras de Durban, que deixou seu parceiro um pouco para trás. Fico acreditando que vou pegá-los na descida, que não está longe.

Antes dela, porém, é preciso chegar ao topo. Com mais de três horas na estrada, dobro uma curva e levo a ventania pelo lado. O pescoço reage na hora, parece que vai dar um torcicolo, mexo a cabeça, lembrando de quanto sofri em Big Sur (Califórnia), no ano anterior, e torcendo para o vento não ficar.

Foi só uma lufada, aparentemente. Talvez por causa do calor (a essa altura, mais de 22 graus, calculo, com o sol batendo firme nos costados), o vento encanado não provocou maiores problemas, além do susto inicial. Na outra curva já estava tudo de volta ao normal: calor e uma certa brisa.

A próxima curva leva ao último e mais íngreme trecho antes do cume. Grupos de voluntários saúdam e incentivam, batem palmas, um locutor anuncia o fim próximo, diz que só faltam 50 metros, vamo-que-vamo, vocês estão uma beleza, muito bom e assim por diante.

Cheguei, paro para mais umas fotos e vejo à frente, ao longe, lá embaixo, o Atlântico. É muito bom ver o mar lá do alto. Lembro os treinos passados, os primeiros dias de recuperação em Morro de São Paulo, o Mediterrâneo que vi das montanhas de Cannes.

É que, por causa de meu trabalho, vez por outra viajo para cobrir algum evento internacional. Quinze dias antes de minha primeira maratona, corri na Suécia, descobri as maravilhas da ilha-jardim Djugarden, em Estocolmo, no intervalo de apresentações sobre uma tecnologia de transmissão de dados sem fio. E, durante o período de preparação para a Two Oceans, acompanhei em Cannes experiências de transmissão de vídeo e programas de TV para telefones celulares. Nas madrugadas geladas, antes de o trabalho começar, percorri La Croisete, o calçadão na beira-mar onde circulam as celebridades, cruzei pelos restos medievais ainda presentes na cidade e, acima de tudo, subi os morros, corri até a velha caixa d'água e o farol abandonado que miram o mar do ponto mais alto de Cannes.

Nos treinos, experimentei também acelerar na descida, mas, agora, na hora do vamos ver, percebo que abrir a passada será um erro. Tenho de aproveitar a descida para desenvolver um pouco, mas não posso abusar da musculatura: as pernas ainda precisam me carregar por mais 24 encabritados quilômetros, confiar nesse morro abaixo é morte certa.

Lá longe, vejo dois fulanos com uniforme alaranjado elétrico, parecem os caras de Durban, vou chegando perto, imagino que em mais um quilômetro vou passar eles.

Passo, mas não são os de Durban, só o uniforme que é parecido. Paciência, os caras se foram mesmo, disseram que iriam a seis por quilômetro e cumpriram. Fico meio borocoxô, alternando o humor do êxtase para a derrota em poucos segundos.

Que nada! Uns tantos metros à frente lá estão eles descendo o morro com cuidado. Largo um pouco a paciência e me vou, emparelho quando dá e vou embora. Passo e nunca mais vejo os piadistas.

Nessa toada chego aos 38 sem ter recuperado o tempo, mas também sem perder mais. Agora, a julgar pela altimetria publicada, vai ter de novo uma subida, depois uma descida até a marca dos 42. Fico pensando em como estou me sentindo bem, já percorri quase a distância de uma maratona e nem sinal de cansaço.

Vejo de novo Christine. Agora ao lado dela vai um sujeito que conversou comigo lá atrás, pelo km 10, contando que tinha parentes em São Paulo e na Suíça, mas era sul-africano, de nome que consegui entender como "Quaglio" ou algo parecido. Só fui compreender depois de ver, nas costas de sua camiseta, escrito Joe Coelho. Fiquei feliz de chegar perto deles, que não via há quilômetros, mas a alegria não durou muito, porque meu ritmo não melhorava, e eles seguiam numa balada só, comprovando que a sessentona (ou mais, não dá para saber) Christine era de fé mesmo.

Passei a maratona com 4h24, com a média em queda livre, e o cerebrozinho coitado vai fazendo contas: falta pouco mais de uma hora e meia para as seis horas e tenho apenas catorze quilômetros para percorrer. É bem razoável. Afinal, já cumprira os quinze quilômetros da São Silvestre, no calor fedido e mormacento de São Paulo, em 1h29. Será que daria para tentar esse ritmo, depois de já ter corrido 42 quilômetros? A temperatura aumenta, sinto que já passa dos 25 graus, e o trajeto nesta etapa final é muito mais duro. Minha velocidade está em queda, preciso tentar forçar um pouco.

É abrir a passada, e a freqüência, a essa altura em torno dos 160 bpm, sobe para os 170. Isso não vou permitir, me digo, porque sei que aí posso até correr risco. Não de não terminar, acredito, mas de me machucar ou de chegar mais cansado do que quero. Afinal, não basta chegar. Tenho de chegar inteiro, vivo e forte para festejar com Eleonora. Ainda temos uma tarde e uma noite inteira de África do Sul pela frente, o vôo de volta será só na madrugada do dia seguinte.

Quando acelero, a panturrilha esquerda dá sinal. Pode ser anúncio de câimbra, outro mal de que estou decidido a não sofrer. Nunca tive, nos meus quatro anos de corridas, e não vai ser agora. Começo a pensar que talvez deva caminhar às vezes, para correr mais solto.

Não tenho de pensar muito, porque agora a estrada principal, por onde seguem os corredores, é cortada de vez em quando por outras. Ao que parece, já estamos de volta aos subúrbios da cidade, com casas de campo, grandes bosques onde há clubes de hipismo. Nos cruzamentos, guardas garantem que os carros nos esperem. Mas às vezes somos os corredores que temos de parar.

Parei pouco antes do km 44 para o trânsito passar. Aí veio a consciência de quanto a musculatura estava enrijecida. O quadríceps está uma pedra, parece querer saltar pele afora a cada passada. A panturrilha se comporta melhor, mas também lateja. O sobe-desce ladeira está cobrando o seu preço, só não posso parar.

Atravesso a rua caminhando e engreno de novo. O calor parece mais forte, mas acho que nem tanto, talvez a sensação seja ampliada pelo cansaço, que já está pegando. E aí vem mais uma daquelas armadilhas: pouco antes do 45, depois de uma descida, a gente faz uma curva para a direita apenas para rodar uns 300 metros, voltar pelo mesmo caminho e só então seguir para a frente. Típica bobagem para completar quilometragem. É quando decido caminhar até o retorno.

Na curva de volta, passa por mim uma garota que corre ao lado do pai ou alguém bem mais velho que ela, e incentiva: "Vamos lá, só faltam 11." "Tá bom, vamos lá", eu falo, e engato uma primeira para passar a dupla, que é grandona e forte. Pelos dois quilômetros que se seguem, vamos assim, eles me passam, eu emparelho, eles caminham, eu vou embora, caminho eu, eles ganham a estrada.

Mais importante que eles, porém, é quem vejo lá longe, numa sombra de estrada, caminhando de cabeça baixa: a loirona de Pretória, que tinha se desgarrado do nosso grupo lá atrás, antes do 25. Fiquei pensando de novo nas conversas sobre ritmo, sobre se conhecer, sobre forçar antes do tempo e aproveitei para abrir a passada, chegar mais perto, quem sabe dá para dar um susto nessa aí, que corria toda orgulhosa e agora é gente como todo mundo.

Bom, eu me falava isso para me incentivar, mas o certo é que ela ainda estava longe. Cada vez mais perto, porém. Numa das rampas do caminho, emparelho, caminho um pouco, ela caminha, corre, eu fico para trás, na descida seguinte arranco e vou, adeus loira de Pretória.

Agora sigo em outro padrão: é calor de verdade, está próximo dos 30 graus, em cada posto de água pego um monte de saquinhos para molhar a cabeça, a nuca, passar nas coxas que sofrem.

Desde o km 35, mais ou menos, cresceu a presença de estações de fisioterapia. Garotas e rapazes fazem massagem nos corredores, ajudam no alongamento, dão uma força para tentar colocar o sujeito na pista de novo. Não parece que eles voltem: os corredores ficam lá atirados, com atendimento cinco estrelas.

Cada vez que aparece a placa anunciando a tal de estação de fisioterapia, minhas pernas parecem dizer que é para parar, eu mesmo me digo que tudo que quero é uma massagem...

Que nada! Para segurar a dor, o único remédio é ficar firme num ritmo só. Caminhar um pouco, para aliviar, e seguir trotando às vezes mais forte, às vezes mais fraco, mas sem perder a balada, sem dar tranco.

No 50, paro para mais uma foto e calculo, pela lembrança do desenho da altimetria da prova, que pela frente só há planos e descidas.

Mas é engano. O sobe-desce é a marca principal, ainda que haja trechos bem planos e que os desníveis não sejam grandes. Mas aí, com o sol das 11h30 nos costados, qualquer dois, três metros parece lomba.

Para vencer, além da vontade de terminar, também ajuda bastante o incentivo gritado pelo público, que começou a crescer a partir do km 48, mais ou menos. Alguns gritam meu nome, que trago escrito no peito, chamando à responsabilidade. Um lá, quando me vê, avisa a família e grita: "The Wild Man from Borneo!" Em corridas passadas, já fui apelidado de Rei Leão, Jesus Cristo, Sansão e Bin Laden, mas O Selvagem de Bornéu é a primeira vez.

Nos postos de água, a vontade de pegar refrigerante ou isotônico é grande, porque sinto falta de doce. Venho tomando só água e consumindo os sachês de carboidrato a cada hora, mas agora o corpo parece pedir mais.

Depois do 48, várias vezes cheguei a estender o braço para pegar isotônico, mas larguei de medo de um revertério: desde o km 38, havia crescido o número de corredores parados na beira da estrada, amparados em árvores, botando os bofes para fora. Eu não ia colocar meu estômago em testes de última hora. Por isso, nem pensar nas batatas, bananas, cafezinho e até chocolate oferecidos nesses últimos quilômetros.

Agora era só pensar na chegada, ver os outros corredores, achar que estava melhor que eles, eleger adversários e ir passando.

Os que cruzavam por mim não faziam mais que a obrigação, afinal eu era apenas um lerdo iniciante. Agora, eu ultrapassar sul-africanos e outros corredores de categoria, isso sim é que valia!

Pois não é que, numa rampinha lá pelo 53, vejo o sessentão da pena na cabeça. O cara tinha vindo mais forte que eu a partir da metade da subida, mas também caíra de ritmo mais fortemente, porque senão eu não o teria alcançado (foi o que aconteceu com a loira grandalhona).

Só que, a essa altura, chegar perto é mais difícil, passar, então, são outros quinhentos. Levo cerca de um quilômetro para emparelhar e seguir de sangue doce.

Aproveito para caminhar mais um pouco, um trote e chego ao 55.

Agora é só correr para o abraço.

Que nada! Estamos em campo aberto, o sol vem com tudo e há outra lombinha para ser subida. Vou caminhando por ela, quando um dos voluntários vem me incentivar, pergunta se preciso de ajuda para subir, emparelha comigo e faz uma imitação de corrida, eu falo: "Tá bom, meu", e vou me embora, porque o cara está lá para bater palmas, aposto que não agüenta correr 30 metros. Eu agüentei os 50 metros até o topo da lomba e, aí sim, vi a descida que levava à entrada do estádio e ao brete de chegada, onde a torcida esperava, aplaudindo discretamente os corredores.

Discrição não é minha característica principal, pelo menos na pista. Desci a rampa com tudo o que eu tinha no momento, para entrar no brete trotando forte, erguendo os braços, gritando "Brasil" para a turma, que começou a aplaudir e gritar também.

Eu segui correndo, vi o pórtico, gritei "Eleonora", mas ela não estava lá. O pórtico também não era o de chegada, mas apenas enfeite no brete, ainda faltavam uns cem metros.

Pela frente uns caras iam lentos, um sujeito caminhava, de cabeça baixa, e eu abri a passada, mexi os braços, que tinha que dar o arranco final, gritando "Brasil, Brasil". E, agora, sim, vi Eleonora, pertinho da linha de chegada, que era minha, desta vez e para sempre.

Passei em 6h11min02 no meu cronômetro, 6h12min25 no tempo oficial. Fui cumprimentado pela diretora da prova, bebi um refrigerante e cheguei até Eleonora.

O beijo da vitória, abraços e mais um troféu especial, um corredor feito em arame, construído naquela manhã mesmo por um artesão local, sob a orientação de Eleonora. Saímos para a foto sob a bandeira brasileira, que esta lá por mim, eu por ela, único brasileiro nesta edição da Two Oceans Marathon.

Antes de ir embora, aproveito para uma massagem reparadora. A massagista é uma senhora grandona, gorda, alemoa, parece uma daquelas cozinheiras da colônia gaúcha. Pois a mulher já fez uma Two Oceans e meia (na segunda, parou na metade e seguiu de carro) e completou a Comrades em 10h42min40, acompanhando o pai, que participou dessa competição de quase 90 quilômetros modestas 16 vezes. Esses são os ultras da África do Sul. E agora sou um deles.

Acidentes de percurso

Duas maratonas por ano era minha média a essa altura. No primeiro semestre, fazia alguma mais aventureira, como a de Big Sur e a minha primeira ultra, na África do Sul. No segundo semestre, buscava uma prova mais rápida, procurava baixar meu tempo.

Atingir esse objetivo, até agora, tinha sido impossível.

Na primeira tentativa séria, em 2001, fui para Buenos Aires meio a contragosto. A Argentina, sem dúvida, é um belo destino turístico, mas a prova acabou sendo a que sobrou, a que dava para fazer no tempo que eu tinha. Suas vantagens: ser quase plana, em comparação com as outras que fizera, e estar perto o suficiente para uma viagem barata, de bate e volta.

Mas deu tudo errado. O dia da prova nasceu cinzento e abafado. Quando saímos do Obelisco, na avenida principal da elegante Buenos Aires, a temperatura estava boa para correr, por volta dos 16 graus, mas a grande umidade acabava prejudicando o desempenho.

Quando cheguei ao km 5, depois de uma leve descida, começou uma garoa, que logo se transformou em chuva e passou a tormenta. Em resumo, ao longo dos 37 quilômetros seguintes corri com chuva, frio e vento contra. Acabei fazendo meu pior tempo em percursos convencionais, com quatro horas e cinco minutos.

Mas Eleonora me esperava, no final, com sensacionais alfajores recheados de dulce de leche que valeram a viagem.

A outra tentativa de baixar das quatro horas foi nos Estados Unidos. Escolhi uma prova pequena, pouco conhecida, mas de belíssimo percurso: a Marathon in The Parks, que cruza parques do condado de Montgomery, em Maryland, passando por várias cidadezinhas que ficam em torno da capital do país, Washington. Começa em Rockville e termina em Bethesda, lugarzinho sem muitos atrativos, mas de rica população: a renda média familiar é de quase 100 mil dólares por ano.

Depois de tudo pronto para a viagem, o passeio ficou ameaçado por causa da situação de risco vivida na região. Era exatamente por lá que atuava o sujeito que ficou conhecido como o Atirador de Washington, que aterrorizou as cidades-satélites da capital por atacar certeira e aleatoriamente.

Dez pessoas foram mortas e outras três feridas até a prisão de John Allen Muhammad e seu enteado, John Lee Malvo. Eventos públicos foram suspensos, escolas dispensaram alunos, e a prova ficou em compasso de espera. Os suspeitos, mais tarde condenados pelos crimes, foram detidos em setembro e, pelo menos no que se refere à Marathon in the Parks, a vida seguiu normalmente.

O que fugiu ao normal foi o frio que se abateu sobre o condado de Montgomery no dia da prova. A véspera foi de chuva gelada e, na madrugada do dia 24 de novembro, os termômetros caíram para zero.

Só não congelei, enquanto esperava pelo início da prova, por causa de uma novidade tecnológica até então desconhecida para mim. Tratava-se de uma tenda de aquecimento, que nos acolheu a todos num ambiente quentinho, sem chuva nem vento.

Para largar, porém, fui todo entrouxado. Vestia calça comprida especial para correr, camiseta de mangas compridas também de tecido apropriado, regata com minha pintura de guerra, luvas, gorro de lã e capa de plástico sobre o conjunto.

Nessa época do ano, os Estados Unidos se iluminam com cores muito especiais. Amarelos fortes, laranjas interessantes, abóboras surpreendentes dominam a cena nos parques. Árvores de largas folhas ladeiam as avenidas e, nos parques, tudo ganha um vigor impressionista. A gente corre como se fosse personagem de pinturas.

O percurso da prova, prometido como rápido, tinha várias e longas subidas, mas o que estava pegando mesmo era o terreno escorregadio, empoçado em alguns pontos, e o frio chuvoso, que passava a chove-não-chove e a vento gelado.

Minha maior dificuldade era estratégica. Depois de duas horas correndo embrulhado no plástico da capa, eu já tinha virado uma estufa. Estava doido para, pelo menos, tirar as luvas. Experimentava com uma mão, o vento cortava, e eu resolvia voltar atrás. Tirava o capuz, parecia que os deuses do clima percebiam e mandavam chuvisco novamente.

Eu corria bem e, depois da metade da prova, resolvi abandonar toda a proteção contra o clima. Passei a meia hora seguinte me xingando, mas já não tinha mais o que fazer. Tratei de aproveitar e correr o mais que dava, beber as cores em volta, me embalar no frio e fazer dele um amigo, em vez de adversário.

Nessa balada, acabei de novo no zero-zero: 4h00min56 foi o meu tempo oficial, ficando no lugar 358 entre 836 corredores que terminaram a prova.

Nada mau, mas pior do que o esperado. Esse negócio de brigar por tempo já estava me incomodando: eu queria mesmo era o desafio do terreno, a descoberta de novos lugares, o encontro com um mundo novo.

Ou, quem sabe, com um mundo muito mais antigo. Nas minhas pesquisas por provas encantadas, deparei-me com uma na China, corrida na Grande Muralha. Seria em maio do ano seguinte, 2003, e imediatamente se transformou no meu foco, objeto de desejo, sonho e pesadelo.

Treinar para esse tipo de prova seria uma coisa completamente diferente do que jamais fizera. Precisava, sim, de força, mas necessitava mais ainda de resistência. Teria de encarar escadarias, trilhas, suportar calor, agüentar muitas horas de estrada, por terrenos ondulados, para depois voltar aos milhares de degraus da maior construção já feita pelo homem.

Em dezembro organizei meus planos, em janeiro fiz treinos fabulosos nas praias e morros de Florianópolis, em fevereiro cruzei São Paulo de cabo a rabo e em março começaram a pipocar as notícias sobre uma grave epidemia que se abatia sobre a China, a gripe asiática ou Sars, sigla em inglês para síndrome respiratória aguda grave.

Primeiro tudo parecia controlado, limitado ao sul do país. Mas surgiram casos em Pequim, mortes na Mongólia e em diversas outras regiões. Autoridades sanitárias internacionais recomendavam não viajar para lá e, no início de abril, depois de trocas de mensagens com a embaixada brasileira em Pequim para avaliar a situação, resolvi abortar o projeto. No final, a prova daquele ano, inicialmente transferida, foi cancelada.

Mas não parei de treinar, começando os longões de madrugada. No dia 8 de abril, saltei da cama e quase gritei de dor. Não dava para mexer as pernas sem sofrer, não dava para movimentar as costas sem sentir uma faca de aço enterrada na lombar, não dava nem para pensar em dobrar o corpo para colocar o tênis.

Estava travado pela dor. Desde o sábado anterior, quando fizera um longo treino de subidas, com descidas fortes, impactantes, vinha sentindo as costas. No domingo, fiz uma hora leve, mas havia algo errado. Na segunda à noite, depois da musculação, o alongamento ajudou, mas não resolveu o problema. Agora tinha de ir direto para a fisioterapia.

Eu tinha grandes planos de treinos especiais: no domingo, iria para Campos do Jordão, enfrentar os morros e a altitude; no sábado da semana seguinte, participaria da Volta à Ilha, uma belíssima prova de revezamento em Florianópolis.

Ataquei a dor com fisioterapia e poderoso antiinflamatório, pois o médico calculava que era uma contratura dolorida, mas enfrentável. A dor não passou depois de uma semana de tratamento, e fomos logo para os exames de imagens: tomografia, ressonância magnética e o escambau.

O diagnóstico chega arrasador. Entre as vértebras l4 e l5, no finalzinho da coluna, degeneração do disco. No espaço seguinte, l5-s1, hérnia, o disco tinha rompido e parte do material interno havia extravasado.

Fodeu.

Já me vi na mesa de cirurgia e para sempre proibido de correr, engordando como um porco, empapuçando-me de chocolate, ficando deprimido ao ver o corpo disforme e, para compensar, comendo mais ainda, no círculo vicioso que é comum em situações como essa.

Porra nenhuma. Antes mesmo de conversar com o médico, vou atrás de informações, procuro na internet. O tal disco é uma espécie de colchãozinho que fica entre as vértebras, facilitando o movimento da coluna e impedindo que os ossos se choquem. É de um tecido cartilaginoso e por dentro tem uma espécie de gel — é como uma dessas gomas de mascar recheadas, dizem os médicos. Por problemas na postura, pela idade, estresse, movimentos repetitivos ou sabe-se lá por quê, a cobertura do disco se degenera e o líquido interno vaza, podendo pressionar nervos, o que provoca dor. Mas a culpa da hérnia não é da corrida, nem sempre é preciso operar, e a recuperação é comum, mas demorada. Há que enfrentar e tratar.

A dor, tirei na primeira sessão de acupuntura. Depois, segui com fisioterapia e descanso — nada de correr por três semanas. Posso caminhar, nadar e fazer corridas dentro da água. Com a melhora dos movimentos, o médico já acena com um próximo retorno aos treinos.

Às 18h45 do dia 14 de maio de 2003, voltei à vida. Botei uma perna na frente da outra, a outra na frente da uma, a uma na frente da outra e estava trotando, estava correndo de novo! Mesmo lento, era corrida, sob as luzes amareladas da pista de atletismo em um clube na zona oeste de São Paulo.

Não estava doendo nada, cuidei de manter as costas retas, enrijecer o abdome, respirar, não correr mais do que o devido. Havia mais três pessoas na pista: uma jovem rápida, um senhor mais idoso e lento e um cara de minha idade, que não roda, só dá tiros.

Ouço as passadas rápidas da guria, ela me ultrapassa. Talvez fosse uma beldade, mas eu a vi magra, angulosa, feiosa. Ao passar por mim, dá uma paradinha, parecia desprezo ou desafio, e segue. Eu me mordo todo, de raiva e vontade de retrucar, fico dizendo para ela, em silêncio: "Aproveita, desgraçada, que se eu pudesse correr eu te destruía. Tu pensas que estás rápida, ias ver o que é bom pra tosse..."

Coisa feia, Rodolfo! Ficar com essa raiva toda, ser tão competitivo. Relaxa, cara! Ainda mais que, provavelmente, mesmo nos meus melhores momentos não conseguiria ser mais rápido que a moça. Doiduras à parte, sigo no trotinho que vai me levar aos três quilômetros em vinte minutos.

As passadas vagarosas se transformam em vôo de planos sonhados: já pensava na próxima prova, no que eu poderia fazer na próxima semana, no mês seguinte ou quando o médico permitisse. Não seria, provavelmente, uma maratona. Quem sabe, talvez, metade dela, num lugar bacana, que recompensasse o sofrimento, as frustrações e o esforço de recuperação.

Pulinho na Escandinávia

Meia maratona Broloppet
Copenhague, Dinamarca-Malmo, Suécia

8 de junho de 2003

Maratona do Sol da Meia-noite
Tromso, Noruega

14 de junho de 2003

White Nights Marathon
São Petersburgo, Rússia

21 de junho de 2003

Pepparholm é uma ilha deserta onde mal cresce grama. Situada na costa de Copenhague, é puro areão: se você estiver correndo lá e escorregar, os pedregulhos vão lanhar seu corpo até o osso. Ninguém vive lá, nem bicho — se tanto, uma que outra gaivota cansada. É uma ilha artificial, criada pelo homem para ser ponto de apoio da Öresund, uma respeitável obra de engenharia e diplomacia, ponte quilométrica que, sobre o mar Báltico, une a capital da Dinamarca a Malmo, cidade turística do sul da Suécia.

Lá é o ponto exato de início da Corrida pela Ponte, Broloppet na língua dos vikings. É a primeira prova que iria enfrentar desde que uma dor nas costas não me deixou correr e logo foi diagnosticada como resultado de uma hérnia de disco.

Fiquei de molho, fiz fisioterapia, passei um tempão sem colocar os tênis, comecei a rodar na bicicleta, passei a trotar dentro da água, cheguei à grama, fui para o asfalto.

No dia 8 de junho, exatamente dois meses depois de ter ficado totalmente travado pela dor, estava de volta às corridas. A prova não era exatamente a mais indicada para quem ainda estava em recuperação. Meu treinador e o médico torceram o nariz ao saber que seria uma meia maratona, mas prometi rodar na boa, passeando, levando máquina fotográfica, apreciando o dia, o cenário, o movimento.

E há muito para ver nos dez quilômetros da ponte, correndo com o mar ao lado, abaixo, à frente, atrás e nos outros tantos com um bando de suecos aplaudindo.

Tinha mandado meus dados pela internet, mas não oficializara a inscrição porque a organização não oferecia sistema on-line para o pagamento. Isso já revela um pouco do que era a organização na época. Dois dias antes da prova, já em Copenhague, ainda não sabia como oficializar minha participação.

Liguei para a pessoa responsável e ela disse que não havia problema, poderia fazer tudo no dia da prova, que eu não me preocupasse, só chegasse ao local às 11 horas, em vez de ao meio-dia, e haveria tempo para tudo. Tudo iria dar certo, eu podia ficar tranqüilo, relaxado.

Pois sim!

A partir daquele instante, passei a fazer os cálculos para chegar às dez horas ao Bella Center, um conjunto para convenções bem afastado do centro de Copenhague, perto do aeroporto da cidade e quase na fronteira com a Suécia. Lá faria a minha inscrição e pegaria o ônibus que me levaria ao local de largada.

Para mim, era como se fosse a primeira corrida. Não tinha certeza se ia agüentar, temia que voltassem as dores, sonhava com cada quilômetro, arrumava e desarrumava o uniforme, escolhia o tênis e depois o trocava por outro — enfim, aquelas maluquices de que vivemos os corredores.

Entre uma preocupação e outra, aproveitei para passear por Copenhague com Eleonora, andar de barco pelos canais da cidade, comer salmão e conhecer a seleção de futebol dinamarquesa, que estava concentrada no nosso hotel, aguardando uma partida contra a Noruega pelas eliminatórias da Eurocopa.

A recepcionista do hotel me garantiu que iriam detonar os noruegueses, mas que nada: perderam por um a zero no final da tarde de sábado. Na manhã do domingão, os jogadores apareceram no café-da-manhã silenciosos, um de pé enfaixado, outro com braço na tala. Para mim, o jogo ainda ia começar.

De trem, chegamos até antes das dez. O Bella Center parecia vazio, mas logo vi outro casal madrugador chegando, e a primeira preocupação foi superada: estava no lugar certo.

Achei o posto de inscrição, expliquei o caso, paguei 70 euros e ainda tive de discutir um pouco para conseguir uma camiseta da corrida, que deveria ser apenas para quem tivesse feito a inscrição antecipadamente.

Essa discussão eu ganhei, mas a outra não: não permitiram de jeito nenhum que Eleonora fosse no ônibus dos corredores até o local de largada. Ela precisaria ir para a Suécia por sua conta e aguardar o final da prova no estádio de Malmo.

Ao meio-dia e dez, começaram a partir os ônibus. O primeiro comboio levou quem tinha número até 500 – eram os corredores mais rápidos. Nos seguintes, a massa foi seguindo aos poucos.

A largada, nessa ilha artificial de Pepparholm, seria à uma da tarde para os tais 500 mais velozes. Depois, a cada cinco minutos sairia novo pelotão. Larguei às 13h20 de um dia lindo, céu de brigadeiro, mar calmo, temperatura ainda agradável àquela hora, mas subindo.

A saída foi em uma alça de acesso à ponte Öresund, inaugurada apenas três anos antes em festa marcada exatamente pela primeira Broloppet. Mal larguei, senti uma dorzinha nas costas. Não dei bola, aquilo tinha de ser psicológico. E fui trotando. Vendo a paisagem: um marzão enorme por tudo. Para a esquerda e para trás, via-se a costa dinamarquesa. Para a frente, só o mar e o perfil da ponte, que tem como suporte enormes tirantes de aço.

Na primeira parte, a ponte oferecia quase cinco quilômetros de leve subida. Dava para fazer uma forcinha, e o impacto do sol era diminuído pela brisa marinha.

O primeiro posto de água estava rigorosamente no meio da ponte, como prometido, mas não deixou de oferecer uma surpresa. As mesas tinham jarras cheias e copos vazios. Cada um que chegava tinha de se servir. Havia agrupamentos, filas em volta das mesas de abastecimento. O jeito era aproveitar para descansar um pouco.

Na seqüência era só descida. Fui na banguela, soltando um pouco a musculatura, e logo vi pela primeira vez o nome da Suécia escrito em sueco. Em uma placa azul com o símbolo da União Européia, a palavra Sverige anunciava a fronteira, cruzada correndo.

Agora já se via melhor o território sueco. Uma marina abrigava pequenos barcos e lanchas. Veleiros singravam o mar. Havia algumas pequenas praias, um enorme parque também podia ser visto.

Na ponta final da ponte, no km 10, deveria haver mais um posto de água. Seria o ponto para consumir o primeiro gel. Desconfiado quanto ao abastecimento, fiquei com a garrafinha que carregava desde o início.

Na saída de Öresund, estavam as três bandeiras – Dinamarca, Suécia e União Européia –, o posto fronteiriço na estrada e uma trilha de terra por onde seguimos. Uma curva, mais outra e samba!

Um grupo supostamente brasileiro, com mulheres supostamente mulatas desvestidas de verde-amarelo, batia o bumbo e requebrava. Passei por lá aos gritos mútuos de "Brasil!", mas desconfiei do sotaque dos caras, que deviam estar em Copenhague participando de um "carnival" deles lá, que rolava naquela semana.

Bueno, já estava depois do km 11 e o posto de abastecimento não aparecia. Usei o resto da minha água para lavar a doçura do carboidrato, fotografei os suecos em sua praia, abanei para uma turma que nos festejava e segui.

Aquela dor do início não aparecera mais, mas as costas estavam um pouco duras. Não importava, ia mais devagar, me divertindo com os suecos, que incentivavam gritando algo como "reia, reia, reia!". Mesmo lento, conseguia passar um monte. Deixei para trás vários com camisas do jogador inglês Owen — participaram da prova corredores de 23 países, um brasileiro.

O caminho em Malmo era lindo, suburbano. De um lado, o parque com a praia ao longe; do outro, casas com quintais gramados e gente nos portões para aplaudir os corredores, àquela altura já sentindo o castigo do sol.

Para mim, os quilômetros começaram a demorar a passar, mas logo chegou o 16 e só faltava o equivalente a menos de uma volta no Ibirapuera.

Queria até acelerar, mas o corpo não estava muito a fim. Então segui, aproveitando os postos de água, agora colocados mais amiúde, para um descanso.

No 19, fiz um pit stop para aliviar a bexiga e voltei tentando ser um pouco mais rápido. Agora, a corrida era em ruas mais largas e logo passamos a circundar um parque parecido com o paulistano Ibirapuera, dava para sentir que o final estava perto.

Avistei o estádio e esqueci que tinha de me conter. Abri a passada e fui, forte, para entrar na pista aos berros, gritando

"Brasil" e "Eleonora", ouvindo um pouco dos gritos da arquibancada, fazendo mais algumas ultrapassagens e cruzando a linha em modestas, porém orgulhosas, preciosas, deliciosas 2h15min34, meu pior tempo nessa distância, minha mais gostosa meia maratona.

Ganhei logo uma capa de plástico para me aquecer, um copo de água, uma banana (e logo peguei mais da banquinha linda, cheia da nossa fruta predileta), chocolates e café com leite gelado em uma latinha, coisa mais estranha, mas até que gostosa (ou, na hora, pareceu).

Para variar, havia uma fila enorme, confusa, para ganhar algum tipo de isotônico. Saí fora apenas para cair em outra fila, a bagunça lembrava as confusões dos finais de corrida em São Paulo. Finalmente, consegui minha medalha e cheguei até o melhor prêmio, os abraços e beijos de Eleonora.

Circulamos um pouco pelo parque em que descansavam alguns dos 4.387 corredores que concluíram a prova. Uma banda ensaiava acordes, algumas banquinhas vendiam suvenires, bebidas e coisinhas em geral. Mas o tempo corria, precisávamos voltar logo para o hotel e partir para o aeroporto.

Tínhamos de dar um jeito de mudar de país. Estávamos na Suécia, o hotel e o aeroporto eram na Dinamarca. Supostamente, haveria ônibus gratuitos em algum lugar, que ninguém a quem perguntávamos sabia qual era. E os ônibus eram exclusivamente para os corredores, não havia vagas para acompanhantes.

Achamos o ponto, coloquei a medalha no peito da Eleonora, ela subiu, baixinha no meio da multidão de nórdicos e nórdicas, eu fui o último a entrar antes que as portas se fechassem no busão lotadaço.

Começávamos nossa jornada para Tromso, na Noruega, segunda etapa de uma viagem de férias corridas pela Escandinávia e pela Rússia.

Correr a dois é mais gostoso

Esta seria a nossa corrida. Eleonora e eu iríamos fazer juntos os quatro quilômetros e duzentos metros de uma minimaratona que integrava a programação da Maratona do Sol da Meia-noite, realizada em Tromso, na Noruega, lá depois de qualquer coisa, mais longe do que você imagina, além do Círculo Polar, quase com a testa no Pólo Norte.

Eleonora já corria havia mais de dois anos, tínhamos mesmo feito juntos uma prova de revezamento em Campos do Jordão.

Ela treina de forma irregular, mas faz seus quatro ou cinco quilômetros três ou quatro vezes por semana. Na viagem, rodamos algumas vezes juntos. Em Berlim, tivemos um treino de mais de uma hora, o mais longo que ela já rodara, lento, no ritmo possível, mas firme, constante.

Quando eu estava organizando a viagem, procurando as provas, mostrei a ela essa corrida num lugarzinho ermo, uma ilha em meio a montanhas geladas, onde, no verão de 10 graus e menos, muito menos, o sol nunca se põe.

"Eu posso correr essa", disse ela. "Eu vou contigo", me entusiasmei. Ia ser festa e festa.

A diversão começou já na retirada dos kits. Enquanto aguardávamos, tirando fotos em um pequeno salão no centro cultural da cidade, um jornalista do diário local se aproximou, fez uma entrevista com os brasileiros malucos que tinham se abalado até lá para correr.

Disse a ele que iríamos correr com camisetas do Grêmio, e o sujeito não apenas conhecia o tricolor gaúcho como até sabia escrever o nome do campeão do mundo (tudo bem, em 1983, mas a estrela está lá na camiseta) e sabia que era o antigo time de Ronaldinho Gaúcho.

Na manhã seguinte, fomos a sensação no café no hotel. Vários corredores estavam hospedados lá, e um deles foi me mostrar o jornal, que estampava nossa foto em três colunas, dedicando quase meia página aos corredores brasileiros.

Ainda havia um longo tempo de espera, pois a nossa largada seria só às 19h — a maratona sairia às 19h30.

Pode ser que exista mesmo o sol da meia-noite, mas, para nós, o que teve foi frio e chuva fina. Então resolvemos aguardar a hora descansando.

Às 18h30, saímos do hotel totalmente preparados: calça comprida de lycra, meião, camiseta dry-fit de mangas compridas (sobre ela, a camiseta do Grêmio), luvas, gorro de lã e casacão. Devia estar menos de cinco graus, um ventinho chato e uma chuva fina piorando as coisas.

Quando faltavam dez minutos para a largada, deixamos os casacões no guarda-roupa da prova, que era simplesmente o tal salão do centro cultural. Cada um largava suas coisas num lugar qualquer, sem ficha, sem registro e tudo bem. "Pode deixar aí", nos garantiu uma moça.

Ficamos desconfiados, mas fazer o quê? Devia ser assim mesmo, pois na cidade as casas não tinham muros, as janelas não tinham grades, não ouvi latidos de cães ferozes, não havia pedintes nem sirenes berravam noite afora.

Fomos nos espremendo entre famílias inteiras, grupos de jovens uniformizados, senhores e senhoras, gente grande, gente pequena, gente de calção e gente de casacão, de fantasia e com carrinho de bebê: uma festa.

Mas a largada foi a sério, com direito a tiro e tudo.

Molhados, saímos pelas ruas de Tromso, cuja parte central, onde corríamos, fica numa ilha. Do continente que abraça a ilha, montanhas com gelo eterno nos olhavam — e nós a elas, deliciados com o poder daquele branco distante, que luzia um sol agora escondido.

Eleonora rodava e eu a fotografava. De vez em quando, parávamos para uma foto do casal. Mesmo assim, até que não íamos mal: na metade da prova, meu relógio marcava 17 minutos, um ritmo mais forte do que Eleonora costuma fazer. Não falei nada, porque ela nem queria saber de olhar o relógio.

Logo depois, terminaram as lombas. Desde o dia em que chegamos, Eleonora tinha reclamado que o percurso seria íngreme. Na hora, nem notou que tivemos uma subida leve e longa.

Agora já estávamos passando mais gente, e eu fui o responsável por quebrar o ritmo, tanto que fiquei fotografando Eleonora, que também reduzia para aparecer na fita.

Chegando perto do porto, uma emoção: os "verdadeiros" corredores apareciam, a maratona já tinha começado e eles cruzavam com a nossa turma. Mas seguiriam em frente, em direção à ponte que liga a ilha ao continente, enquanto nós entraríamos à esquerda em seguida, para logo dobrar à direita e chegar à rua principal da cidade.

"Tou começando a gostar disto", confessa Eleonora enquanto estamos acelerando um pouquinho, incentivados pelo ritmo dos maratonistas, e conseguimos ultrapassar mais alguns.

Quando entramos na rua principal, toda enfeitada com bandeirolas da prova e com gente gritando "reia, reia, reia", apertamos o passo mais um bocadinho. Eleonora sente, reclama um pouco, quer ficar no ritmo: "Não precisamos passar as vermelhinhas", disse ela, falando de duas moças que estavam alguns metros à nossa frente.

"Tá bem, vamos nessa." Mas ainda resta um quarteirão e pouco, ela já vê o pórtico de chegada, não dá para sentir mais chuva nem frio, o rostinho dela está todo vermelho, e a gente vai embora.

Mais um pouco, chegamos! Aplauso daqui e de lá, um garoto coloca a medalha em Eleonora, ela me dá um beijo e diz: "Até passamos as vermelhinhas."

Para quem não queria saber de competição, um primeiro comentário revelador. Na verdade, mesmo com 39min15, ela ficou no lugar 220, deixando mais de 200 mulheres para trás.

Comemos as bananas que nos oferecem e desconfiamos de uma traquitana apresentada como bebida local, energética, especial. Não passa de uma variação do guaraná frisante, descobrimos depois de experimentar, não sem alguma cautela.

Antes de voltarmos para o hotel, porém, ainda encontramos o tal repórter do *Diário de Tromso*, que anota nossas gloriosas impressões acerca da corrida.

Foi ótima!

Mas que baita confusão!!

A Rússia é um choque. O país que já foi a segunda maior potência do planeta é hoje tão terceiro-mundo quanto nós. Em alguns aspectos, até pior. No aeroporto internacional de São Petersburgo, tida como capital cultural do país, a moça do guichê de informações turísticas engrola o inglês para dizer que não dá para explicar onde fica meu hotel, que há transporte público, mas é complicado e que o melhor é tomar um táxi, que ela não tem idéia de quanto pode custar.

Logo fora do aeroporto, um sujeito de paletó, com enorme crachá na lapela dando-lhe ares de respeitabilidade, sabe exatamente quanto custará, apresenta as opções em frases completas e inteligíveis e nos coloca no táxi mais caro de toda a viagem. É um Mercedes velho, sem taxímetro e com um motorista que supostamente sabe aonde vamos.

Se não sabe, tem muita confiança, pois enfia o pé naquele acelerador com um ardor... Imagens de máfia russa, de acidentes terríveis num país estranho, de hospitais lotados e fedorentos e de um sistema telefônico impossível povoam a nossa mente.

Mas chegamos ao hotel, que é bem localizado e bastante razoável. Depois de instalados, tratamos de tentar chegar ao local de inscrição na prova, a Corrida das Noites Brancas, evento que inclui maratona, dez quilômetros — a prova que vou correr — e uma corrida familiar de cinco quilômetros.

A recepcionista do hotel se embanana um pouco com os mapas, embaralha-se na transcrição dos nomes de ruas em russo para os caracteres ocidentais, mas acabamos conseguindo uma indicação razoável de como chegar ao local.

Faltavam dez para as oito quando finalmente entramos no quarteirão da Secretaria Municipal de Esportes (o nome é bem mais complicado), que fechava às oito. Saí correndo, achei o prédio cinzento, entrei num hall escuro, vi um guichê, duas moças estavam sendo atendidas pelo burocrata de plantão, mais ninguém à vista, nem um cartaz, placa, nada.

"Ferrou!", já estava pensando, quando vejo um sujeito de calça de tergal e paletó descendo apressado as escadarias, rumo à saída, carregando uma enorme caixa de papelão cheia de folhetos em que parecia haver a figura de um corredor.

"White Nights!", berrei, e ele resmungou: "Uh, hu", "váite" qualquer coisa e fez sinal para que o seguisse. Eu fui nessa, ainda falei "Registration", e o sujeito "Uh, hu", no maior jeito de furioso.

Quando saímos do prédio, a Eleonora estava chegando. Disse para ela que iríamos com o cara. Ela estranhou, mas fomos em frente. Ele apontou para uma Kombi que um dia tinha sido branca, caindo aos pedaços, onde já estavam o motorista e uma russona, mais outras tantas caixas de papelão.

Entramos, meio desconfiados, mas, cada vez que eu dizia "White Nights", o cara confirmava. E aproveitava para berrar ordens para o motorista, que parecia não saber exatamente para onde estávamos indo, mas sabia que tinha de ser rápido. A Kombi rangia e balançava pelas ruas tumultuadas de São Petersburgo. E a mulher procurava ser simpática, falando pelos cotovelos, mostrando seus dentes de ouro. Eu respondia em português, porque de qualquer jeito ninguém ia se entender mesmo.

A certa altura, o sujeito berrou mais uma ordem para o motorista, que freou, parou, desligou. Não tinha outra alternativa mesmo, porque o trânsito estava absolutamente parado, em cena de filme humorístico: um cruzamento com carros vindo de quatro ruas e simplesmente sem espaço para seguir.

O sujeito desceu carregando a caixona, andando em marcha aceleradíssima, gritando para a russona nos ciceronear. Ela apertava o passo para não perder de vista o chefe, pois parecia não saber direito aonde iríamos. Nós seguíamos o circo.

O cara dobrou uma esquina, a mulher entrou por um portão, nós a seguimos, o cara não tinha ido por ali, voltamos, o cara aparece berrando para a fulana, Nádia. Finalmente entramos num outro prédio e ali, sim, havia mesas improvisadas como guichês, cartazes, camisetas atiradas num canto, gente de abrigo esportivo, tudo dando jeito de um ambiente de organização de alguma coisa. Tomara que fosse a corrida

Era. Entre engrolações de inglês e gestos, eles me orientaram a fazer o registro, tudo em papel, pegar meu número, uma camiseta muito ruim, com propaganda em inglês de uma empresa coreana e sem ao menos o nome da prova, um boné bem arrumadinho, comemorativo dos 300 anos da cidade, e seguir para falar com o chefe.

O diretor da prova articulava melhor o inglês, entendeu meu nome e fez a transliteração para caracteres cirílicos, repetiu umas tantas vezes o horário e o local da prova, desenhou um mapa do que eu deveria fazer e me orientou sobre o que era preciso para estar no brete para a largada no dia seguinte, às cinco da tarde, na praça da Vitória.

Ela foi cenário de alguns dos mais importantes fatos da história moderna. Seu ponto central é a Coluna da Vitória, o obelisco em homenagem ao czar Alexandre I, que derrotou, com a ajuda do general Inverno, as tropas de Napoleão. Lá também pulsa o sangue de centenas de homens e mulheres que pediam trabalho e pão e levaram tiro e baioneta das tropas czaristas em 1905, no massacre que ficou conhecido como Domingo Sangrento.

Em frente à praça, fica o complexo do Hermitage, um dos maiores e mais importantes museus do mundo, onde entrei com Eleonora lá pelas duas da tarde do domingo, depois de um tempão em uma fila, sob frio e chuva, e de uma certa confusão para comprar ingresso e largar os casacões e câmeras.

Antes de percorrer as salas repletas de objetos de arte, móveis e badulaques (com o perdão da má palavra) históricos em geral, tratamos de alimentar o espírito com um sanduba dos bão na lanchonete do museu, que — surpresa! — aceitava cartão de crédito, caso raríssimo na Rússia de então.

Sala vai, sala vem, pinturas e objetos de imperadores para cá e para lá, reverências religiosas em todo o canto, e nada dos registros da história comunista. Até que, numa sala toda enfeitada, uma pequena placa informava que ali estava reunido o Governo Provisório na tarde de 7 de novembro de 1917 (para nós, 25 de outubro), quando o Palácio de Inverno foi invadido pelo Exército Vermelho. Os membros do poder deposto foram presos na sala de jantar, ao lado daquela em que estávamos.

Deu até arrepio. E raiva de ver como, em um museu que supostamente devia preservar a história, a história estava escondida.

A essa altura, o som que vinha da rua me chamava às janelas cada vez mais repetidamente. Lá embaixo, uma saudável confusão. Num canto da praça, um enorme palco armado para grupos jovens mandarem ver no rock pesado ou sei lá o quê. Mais próximo da entrada do Hermitage, um campo de futebol improvisado sediava uma partida virilmente disputada, ainda sob chuva, por times devidamente uniformizados, aplaudidos por um pessoal que se espremia junto das cordas que delimitavam o "gramado". E, sob a Coluna da Vitória, um grupo de corredores já se organizava no brete, perto do pórtico inflável da largada, onde estava escrita a palavra Start em letras russas.

Louco para largar, eu já estava ficando indócil no partidor. Mas ainda circulamos um tanto pelo museu. Quando saímos, foi só o tempo de trocar de roupa, tirar umas fotos e entrar no brete. Tinha de entregar uma senha para um sujeito da organização e passar pelo pórtico de largada. Assim, como fui um dos últimos a entrar, fiquei praticamente com o peito na fita, como se diz.

Logo o chefão do pedaço começou um discurso em que citou a internacionalidade da prova, nomeando os países representados — consegui entender quando ele citou o Brasil — e deu a largada.

Como eu estava na frente, tive de abrir a passada para não ser atropelado. Os corredores eram sérios. Havia só um ou outro fantasiado e uns fulanos folclóricos, como um senhor de provavelmente mais de 60 anos, careca, enorme barba branca, gordão, que corria descalço e sem camisa, mostrando o peito cheio de caroços enormes. Aquilo devia ser algum tipo de doença, mas não o impedia de correr forte, pois ele logo desapareceu de minha vista (chegou uns cinco minutos antes de mim).

Apesar da falta de marcação de quilômetros, eu imaginava estar fazendo um pouco menos de seis minutos por quilômetro, o que estava até forte, considerando que ainda estava nos trabalhos de recuperação da hérnia.

Mas, sei lá, o frio, a chuva, o clima de corrida, tudo fazia com que eu procurasse manter o ritmo, acelerar até, subindo de patamar pouco a pouco, mas sem correr desabridamente.

A gente passava por prédios históricos, cruzava pontes, tudo plano. Numa ponte, um sujeito desabou. Quando passei, ele estava espatifado no chão, de corpo inteiro e rosto no asfalto. Todos seguíamos, não havia o que fazer, e logo ouvimos a sirene da ambulância.

Passou, eu entrei na minha. Lá pelo km 3 e pouco, começou a diminuir o número de pessoas que me passavam, aumentavam minhas ultrapassagens, fui entrando em alfa só com o silêncio e o som da corrida. De um lado, prediões centenários; do outro, o rio Neva, suas águas escuras e sua história. E o tum-tum-tum-tum das nossas passadas, ritmo, ritmo, ritmo é tudo, velocidade não é nada.

No km 5, única marcação que vi, estava com 26min32 e achei que, se forçasse, daria até para tentar quebrar meu recorde pessoal (49min40, acho, na Festa do Corredor, na fluminense Friburgo, em 1998). Apertei o passo por mais uns tantos minutos, mas senti um pouco as costas, fiquei com medo de dar gás e não ter para manter, resolvi afrouxar novamente.

A partir do momento em que se dividiram as rotas dos maratonistas e dos corredores de dez quilômetros, a coisa ficou malparada. Faltavam uns dois quilômetros e pouco, imaginava eu — a ausência de marcação era irritante, desconcertante —, e parecia que as colocações estavam mais ou menos definidas. Eu não conseguia chegar perto dos que estavam na minha frente e ninguém que estava atrás chegava perto de mim.

Em mais uma ponte sobre o Neva, tentei me aproximar de três fulanos que estavam lá pelo meio da ponte. Antes do final dela, já tinha passado dos caras, sem sentir forçar, sem que as costas reclamassem.

Tinha ainda pela frente um retão de um quilômetro e meio, talvez, depois mais uns 300 metros, calculava, e então seria o abraço.

Ficava no ritmo, chegava no sujeito da frente, ajustava o ritmo, acelerava pouquinha coisa, encostava em mais um, e assim fui. Mais à frente, um garoto ia passando todo mundo, me desafiei a chegar junto, sempre na mesma balada.

Não é que deu? A partir do Hermitage, passamos a rodar juntos, ele não afinou, eu me disse que não ia tentar passar, só ficar no ritmo já estava bom, e assim fomos. Passamos um monte de gente e, no meio da reta final, ele abriu, eu fiquei na minha, nem tentei seguir, não dava para acompanhar

Mas vi a chegada, abri ainda um pouco a passada, vislumbrei Eleonora, que estava lá, firme, forte e linda, e cruzei a linha de chegada.

50min07 foi o tempo oficial, minha melhor marca nos dez quilômetros desde 1998, o ano em que comecei a correr. Bebi a água, que foi a única medalha que recebemos, e festejei com Eleonora e com um berro enorme na praça da Vitória. A minha.

Conquista olímpica

Athens Classic Marathon
Atenas, Grécia

2 de novembro de 2003

Entrar no estádio Panathinaikon correndo foi demais! Depois de quase cinco horas de lomba acima e lomba abaixo, sol forte e umidade ainda maior, os prêmios foram o aplauso do público e o beijo de minha mulher no mesmo ponto final da primeira maratona da história, o mesmo lugar em que, no ano seguinte, os maratonistas olímpicos seriam recebidos.

Eu encerrava ali, no centro de Atenas, pátria do esporte e mãe de todas as corridas, um longo processo de recuperação de uma hérnia de disco que me tirara das trilhas por um tempo, mas já estava superada — ou quase, porque a dor sempre acompanha uma maratona.

E essa, a Maratona Clássica de Atenas, realizada no dia 2 de novembro no histórico percurso entre Maratona e a capital da Grécia, é uma especialista em dores.

Depois de enfrentar esse trecho, o soldado que levou aos atenienses a notícia da vitória sobre os persas, em 490 antes de Cristo, caiu ao chão e morreu. Menos heróicos, um tantão dos que disputaram a primeira maratona olímpica, em 1896, abandonou a prova antes de chegar ao estádio Panathinaikon-Kallimarmaro. E, nos tempos modernos, muitos amadores e profissionais se estrepam sob o sol grego e vêem seus tempos de prova subirem em vinte minutos, meia hora ou mais.

Eu sabia disso quando escolhi Atenas como minha única maratona do ano. Mas como resistir à chance de percorrer a trilha olímpica?

Uma trilha que começou na Antigüidade e foi renovada no final do século XIX, cheia de cantos à competição limpa, mas que nem sempre foi tão valerosa, como mostra uma rápida pesquisa nos livros de história.

A pureza e a glória dos chamados ideais olímpicos – de esportividade, honestidade, saúde e honra ao slogan "o importante é competir"– foram manchadas logo na maratona dos primeiros Jogos da era moderna, realizados em Atenas, em 1896.

O vencedor da histórica competição, o ex-militar e vendedor de água Spiridon Louis, só pôde participar graças a uma manobra de última hora, pois não tinha conseguido vaga na prova classificatória.

Naquela espécie de pré-olímpico realizado em 25 de março de 1896, apenas os 16 primeiros seriam classificados para a honra de participar da primeira maratona olímpica.

Mas a prova aconteceu sob condições climáticas extremamente adversas, e o presidente do comitê de juízes da maratona, major Papadiamantopoulos, mudou as regras e decidiu qualificar também os corredores que chegaram depois, em 17º e 18º, porque tiveram tempos muito semelhantes aos do 16º colocado.

E assim Spiridon Louis, um grego de 24 anos, tomou lugar na última das quatro filas na largada da maratona, ao lado de E. Massouris, também nascido na localidade de Marousi, na manhã de 29 de março – apenas quatro dias depois da maratona classificatória, extrema violência contra o corpo e uma heresia completa a julgar pelos critérios técnicos de hoje.

Naquele dia, eles acordaram cedinho, ao som dos sinos da igreja. Tomaram leite quente e foram para a igreja de Ai Yannis, onde o padre rezou uma prece para os atletas. Ainda seguiram para uma lanchonete e tomaram chá e café quentes, esperando a hora da largada, que seria às duas da tarde.

Dezessete corredores, doze gregos e cinco estrangeiros, partiram. Um alemão, classificado, não apareceu.

"Naquela hora, eu pensava apenas que a distância era muito grande, mas, pelo menos, eu tinha o direito de abandonar a prova na hora que eu quisesse, se visse que não ia dar para terminar", contou mais tarde o vencedor.

Quando eram 13h56min30, o major Papadiamantopoulos deu o tiro da largada, em Maratona, palco da batalha que mudou o curso da história. O francês Lermusiaux disparou na frente, seguido por Flack, australiano, e por Blake, norte-americano.

O francês dominou a prova até o km 28; antes, no 22, dois gregos já tinham abandonado por orientação médica. Um terceiro fraquejou, mas se recuperou e seguiu. Louis estava lá atrás e parecia não dar muita bola para a coisa: chegou a tomar um copo de vinho em Pikermi, na altura do km 22.

No km 32, topo da subida mais forte da prova, o francês, que já tinha perdido a liderança para o australiano, não agüentou e caiu fora, esgotado. Ali o jovem aguadeiro grego começou a botar as manguinhas de fora. Aproveitou bem a descida e, no 33, emparelhou com o líder, seguido por mais três corredores gregos, que passaram a formar o primeiro bloco.

O australiano ainda resistiu mais quatro quilômetros e foi só. Louis então apertou o passo e se afastou de seus compatriotas.

Enquanto isso, no estádio Panathinaikon, a tensão crescia. Toda a festa preparada para receber um herói grego parecia prestes a se transformar em amargura, pois a notícia corrente era que o australiano liderava sozinho.

Mas logo o presidente do comitê julgador da maratona entra no estádio, faz com as mãos o número 17 e conta ao rei que um grego vencerá.

A multidão, porém, não entende os sinais feitos por Papadiamantopoulos, e a tensão só explode em alegria quando vêem Louis entrar no estádio. As 60 mil pessoas aplaudem de pé, muitas cantam o Hino Nacional grego.

A festa continua. O segundo e o terceiro também são gregos. A rainha Olga vai cumprimentar o campeão, que se inclina para lhe beijar a mão. Ela puxa o corredor para um abraço e dá-lhe um beijo na testa.

O primeiro e único grego a vencer uma maratona olímpica terminou a prova em 2h58min50 e ali mesmo encerrou sua carreira esportiva. Morreu em 26 de março de 1940, aos 68 anos, de bronquite asmática.

Mais de cem anos depois da primeira jornada de Louis, lá estava eu para tentar seguir seus passos. Em setembro, quando ainda estava em tratamento de uma dolorida hérnia de disco, fiz minha inscrição pela internet. E começaram minhas preocupações, porque o prometido e-mail com a confirmação do registro não chegava. Enchi a organização de mensagens, mas nada de resposta. Só em meados de outubro um e-mail de poucas linhas confirmou meu registro. Menos mal.

Aportei em Atenas na sexta-feira antes da prova e fui direto para o hotel em que se entregavam os números e o chip. Tudo organizado, mas nada muito grandioso. Num hall interno, alguns painéis com fotos históricas, como a do primeiro vencedor de uma maratona olímpica, Spiridon Louis. Em outra saleta, estavam as listas dos registrados: eu era o 1.074.

Com o número, peguei o kit, que incluía camiseta, cartaz da prova e duas lembranças bacaninhas, um chaveiro e um *button* com o logotipo da maratona, inspirado em um afresco antigo. Com tudo em cima, restava administrar as tensões e esperar a hora da prova.

Às seis da manhã de domingo, o céu começava a ficar menos escuro, saímos, Eleonora e eu. O táxi me deixou em frente ao estádio Panathinaikon-Kallimarmaro, onde ônibus especiais aguardavam os corredores para nos levar até a largada, em Maratona, cidadezinha a cerca de 40 quilômetros do centro de Atenas.

Eleonora seguiria sozinha.

Às cinco para a sete, ainda no ônibus, vi o sol pela primeira vez no dia — não seria a última. A bola de fogo brilhava sobre a baía de Maratona.

Não estava muito quente, porém. Quando chegamos ao ponto de largada, no estádio da cidade, fazia uns 20 graus, tinha um bom ventinho e o céu estava fracamente nublado. Se ficasse assim, pensei, até que daria para encarar numa boa.

Mas, enquanto os corredores esperávamos a partida, as nuvens foram se esvaecendo. Para piorar as coisas, depois de mais de uma hora, a Eleonora não chegava. Outro brasileiro presente à prova — fomos cinco os brasileiros que terminamos, segundo os dados oficiais — veio conversar comigo, mas mal consegui enrolar um diálogo, preocupado com a falta da digníssima.

Às 8h15 fomos para o brete de largada, que seria às 8h30, e nada dela. Aconteceu um acidente, Eleonora foi assaltada e não sei mais o que passava pela minha cabeça, ao mesmo tempo em que eu sabia: se ela não aparecesse na saída, com certeza estaria me esperando em Atenas.

Mas seria melhor que ela viesse logo, certo?

Não veio.

Soou o tiro e saímos. Levei um minuto caminhando lentamente até cruzar a linha de partida, mais um pouco para poder começar a mexer as pernas decentemente — não éramos muitos corredores, cerca de três mil, mas o brete de largada era bem estreito, apenas um lado da avenida, que estava em obras como quase toda Atenas.

Abri a passada, ainda preocupado com o fato de não ter encontrado a Eleonora. Passaram cem, duzentos metros, e lá estava ela, aplaudindo, fotografando, gritando. Só deu tempo de gritar-lhe um beijo e seguir, emocionado, mas mais leve, disposto a curtir o percurso, agora que eu tinha certeza de que nada de mal havia acontecido.

O início foi alvissareiro. Seguimos por estrada de asfalto novinho, ainda por ser inaugurado. Ao longe, à direita, colinas com verde um pouco desmaiado. À nossa esquerda, a cidade. O percurso é plano, e dá para rodar direito. De vez em quando, grupos de espectadores aplaudem. Famílias inteiras esperam um parente ou conhecido, uma senhora mais velha invade a pista para abraçar o marido, dar-lhe algum amuleto de sorte.

Ainda no vilarejo, entramos por um parque que precisa de urgente urbanização. É o km 5, o único até agora que vejo marcado e o primeiro posto de água, cheio de voluntários que aplaudem e incentivam a gente.

Um oitavo da prova está concluído, penso eu, e sigo correndo, agora cuidando de meu tempo em cada quilômetro, todos bem marcados com números vermelhos de bom tamanho.

O mais importante para mim era terminar inteiro, depois de um ano sob cuidados médicos, mas é claro que eu queria tentar o menor tempo possível.

No km 10, meu desempenho era melhor do que havia sido em uma recente meia maratona corrida em Porto Alegre. Mas, até ali, tudo tinha sido plano e o sol apenas começava a beliscar. A umidade, porém, já me deixava meio abatido. Não o suficiente para não acompanhar as conversas dos parceiros de corrida.

Os muitos gregos de clubes rivais se espicaçavam, os mexicanos sorriam, um belga passou por mim gritando o nome de Eleonora, que trago na camiseta, um francês saúda o Brasil, duas francesas conversam entre si e fico sabendo que aquela simpática senhora que poderia ser uma avozinha bronzeada tinha passado pela maratona de Sables, que é um dos mais exigentes eventos de corrida do mundo, 243 quilômetros enfrentados ao longo de seis dias no deserto do Saara.

É o que nos distrai, porque o percurso, em si, é meio chato. Você tem de lembrar que está na pista da história e sonhar, exaltar-se com isso. Por ali, afinal, passaram os soldados que, de certa forma, garantiram o surgimento da civilização ocidental tal como a conhecemos hoje.

A batalha de Maratona, em que atenienses e persas se enfrentaram, no ano 490 antes de Cristo, mudou a história. Claro que não se pode saber como seria o mundo hoje se os persas tivessem vencido, mas é lícito acreditar que seriam outros os caminhos da arte, da literatura, da filosofia e da política gregas, base da cultura ocidental.

E a vitória foi por muito pouco, pois os persas eram mais poderosos, tinham mais armas e mais soldados e vinham mandando a maior bala na região. Os atenienses, sabendo-se inferiorizados, trataram de conseguir apoio contra o iminente ataque.

Foi quando mandaram Pheidippides (Fidípedes, para facilitar) correr até Esparta para buscar ajuda. Ele, que era um hemeródromo, corredor profissional usado como mensageiro pelo Exército, percorreu em 48 horas os cerca de 240 quilômetros entre as duas cidades. Mas seu feito atlético de nada adiantou, porque, também correndo, voltou de mãos abanando para Atenas, com a notícia de que os espartanos não mandariam seus exércitos para lutar contra os persas.

Os generais atenienses se reuniram em conselho e logo duas teorias militares se enfrentavam: ou ficavam quietos, preparando a defesa na cidade, ou partiam para a briga antes de serem cercados.

Finalmente o general Miltiades conseguiu convencer o chefão Callimachus de que o ataque era a melhor defesa. O próprio Miltiades foi liderar as tropas. Sabendo que os persas eram em número muito superior, ele organizou a soldadesca à sua moda.

Normalmente, os exércitos em guerra formavam blocos compactos, iguais em toda a frente. Miltiades resolveu ocupar de outra maneira as colinas de Maratona, que seriam a cabeça-de-ponte dos persas em território ateniense. Deixou o centro de suas forças mais fraquinho, mas reforçou bem os flancos.

Quando os persas atacaram, começaram por lançar flechas para reduzir as forças inimigas. Os atenienses trataram de encurtar a distância e correram contra os persas, diminuindo a eficácia das flechadas.

Os persas ficaram surpresos, mas, confiando na superioridade numérica, continuaram atacando. Logo viram que o centro das linhas atenienses era uma porteira aberta e mandaram ver. Acabaram cercados, presos em uma ferradura, e foram dizimados, devolvidos ao mar, de onde tinham vindo.

Morreram montes de gregos e seus escravos, que, pela primeira vez, lutaram lado a lado com seus senhores (se alguém

1. Rodolfo festeja a conclusão de sua primeira maratona internacional em Big Sur

2. Rodolfo entra com a bandeira brasileira no estádio Panathinaikos

3. Correndo entre vinhedos na Maratona de Luberon

4. Corredores no belíssimo cenário da Maratona de Luberon

5. Primeiros momentos da Maratona de Porto Alegre de 2000, em que Rodolfo estabeleceu seu recorde pessoal

6. Treino na Quarta Praia, em Morro de São Paulo (Bahia), marca o início da volta às corridas depois de fratura e lesão por estresse

7. Sozinho com o sol e o mar na Supermaratona de Rio Grande

8. Corredores alinhados para a largada da Six Foot Track Marathon, na Austrália

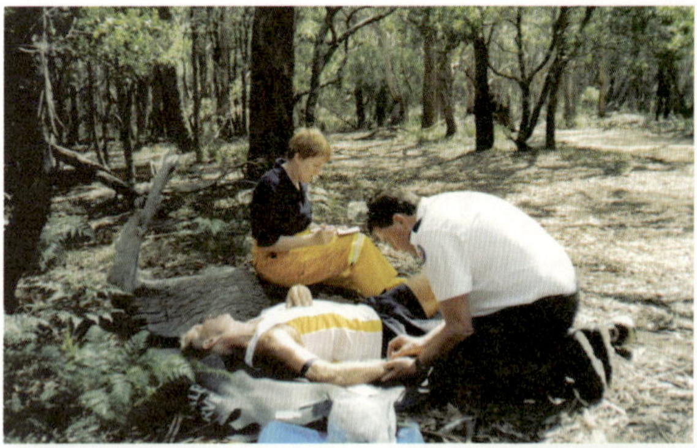

9. Pronto-socorro improvisado na floresta durante a Six Foot Track Marathon

10. Uma das longas, quentes e doloridas subidas na Six Foot Track Marathon

11, **12** e **13**. Subida da montanha na ultra Dois Oceanos, na África do Sul

14. Em frente ao Hermitage, em São Petersburgo, começa a White Nights Marathon

15. Parques norte-americanos dourados de outono na Marathon in the Parks, que começou com zero grau e chuva

16. Cena da Meia-Maratona de Rotorua (Nova Zelândia)

17. Começa a descida da montanha, na ultra Dois Oceanos, e já se vê, ao fundo, o oceano Atlântico

18, **19** e **20**. Cenas na Broloppet, corrida que vai da Dinamarca à Suécia pela ponte Öresund

21. Vista geral do poderoso Dragão Chinês

22. Momento na subida da Grande Muralha

23. Subida de escadaria na Maratona da Grande Muralha

24. Na volta à Muralha, a escalada é difícil e alguns sobem de gatinhas

25. Momento de relax durante a visita de inspeção à Muralha

26. Festejando depois da Maratona da Grande Muralha

27. Visão da Muralha a partir da cidadela onde foram a largada e a chegada da Maratona da Grande Muralha

28. Corredores descem a montanha depois de passarem pela Grande Muralha da China

29. Criançada chinesa (à esquerda)

30. Passagem por um vilarejo na Maratona da Grande Muralha

31. Chegada na Maratona da Grande Muralha

não lembra, a tão celebrada democracia grega era escravocrata) e com eles também foram enterrados juntos, no campo de batalha — a (suposta) tumba está lá ainda hoje, perto do museu de Maratona.

Miltiades tinha de avisar a cidade da vitória. Mandou um soldado completamente equipado ("full metal jacket", como diriam os americanos mais de dois mil anos depois) correr até Atenas, onde chegou com fôlego apenas para gritar: "Vencemos", morrendo logo em seguida.

Não há consenso histórico sobre as palavras exatas usadas nem sobre o nome desse soldado, outro ícone da história dos corredores, como Fidípides. O principal historiador da época, Heródoto, registra a história de Fidípides, mas não fala do segundo mensageiro, o arauto da vitória. Os discípulos do historiador, porém, trataram de resgatar a história e, 150 anos depois da batalha, o historiador Herakleidis Pontikos afirmou que o mensageiro se chamava Thesippos. Outros estudiosos falam em Eucleus. Na dúvida, o escritor grego Lúcio Apuleio, famoso por suas sátiras, disse que o fulano se chamava mesmo Pheilippides, que significa amigo dos cavalos.

Há ainda a linha de historiadores que dizem que foi o próprio Fidípides, que seria o mais importante hemeródromo de então, o mensageiro da vitória. O que importa é que alguém correu a distância, na época, e deixou impressionados os homens de hoje. Tanto que resolveram homenagear o feito quando começaram a discutir a volta dos Jogos Olímpicos.

No final do século XIX, o barão de Coubertin faz sua pregação na comunidade internacional, em defesa do esporte como forma de congraçamento entre os povos e celebração da humanidade.

Ele acaba tendo sucesso e começam a ser organizados os Jogos de 1896. Eis senão quando o historiador e lingüista francês Michel Bréal, professor de semântica, membro da Academia Francesa de Letras e apaixonado pela história do mensageiro da vitória, propôs a criação de uma competição de longa distância, que batizou de maratona e que deveria ser corrida entre Maratona e Atenas. Ele doaria a medalha e o troféu ao vencedor da corrida, que, em sua primeira edição, teve 40 quilômetros. A idéia foi aceita e os organizadores dos Jogos trataram de fazer algumas experiências para verificar a efetiva viabilidade do projeto.

O primeiro teste do percurso — portanto a primeira maratona da história — foi realizado em 11 de fevereiro de 1896, pouco mais de um mês antes da corrida oficial. O vencedor foi o grego George Gregoriou, e o teste demonstrou que a condição das estradas era lamentável.

Os organizadores apressaram-se em providenciar consertos e um novo teste foi feito poucos dias depois, este vencido por um sujeito chamado Giannoulis, que enfrentou o mesmo Gregoriou.

Os dois saíram de Maratona às oito da manhã, vestidos com calças curtas, camiseta de marinheiro e sapatos leves. Giannoulis chegou primeiro a Atenas, às 11h45, mas mais tarde descobriu-se que ele pegara carona numa carroça por cinco quilômetros, o que provocou sua desclassificação. Então Gregoriou, com 3h55, virou bicampeão da maratona, tendo corrido duas provas em cerca de uma semana.

Ele ainda participou, em março, da disputa nacional por uma vaga no pré-olímpico internacional, ficando em quinto lugar, com 3h36.

Nos dias de hoje, o que dá para ver no caminho são prédios suburbanos, paisagem pobre, obras viárias. Ainda bem que, na nossa trilha, o trânsito está proibido — fiquei sabendo que, em edições anteriores, nem sempre a convivência entre corredores e motoristas foi tranqüila.

Depois do km 12, aparecem trechos com relevo mais variado e, principalmente, chega o calor: já são mais de 9h30, as nuvens de esperança se foram, o sol brilha e, para mim, o objetivo é chegar ao próximo posto de água.

Eles estão instalados pontualmente a cada dois quilômetros e meio, o que permite planejar bem o ritmo. Mantenho os batimentos cardíacos abaixo de 160 por minuto e a média por quilômetro em menos de cinco minutos e cinqüenta segundos.

A partir do km 18, isso rapidamente se deteriora. Aparecem novas subidas, e passo a meia maratona em 2h08. O pior é que está apenas começando o trecho mais difícil da prova.

A planura inicial é substituída, a partir do km 17, por um longuíssimo trecho de subida leve, mas constante, que irá culminar numa ladeira dura do km 30 ao 32. Depois é só alegria (supostamente)...

O problema é chegar lá. Do 20 ao 25, perco em média dez segundos por quilômetro. Penso apenas em manter o corpo reto, a coluna ereta nas subidas, procurando descansar nas descidas, mas sem acelerar.

Resolvo aproveitar os postos de água para caminhar algumas dezenas de metros e retomar o pique, mas a meu lado vejo mais e mais gente perdendo o prumo. É o clima, mais que o percurso, acredito eu, pois o trajeto não é mais duro, por exemplo, que o da Maratona das Águas, em São Paulo, ou que o da Maratona de Curitiba.

A partir do km 30, as solas dos pés começam a doer. Mas as costas estão inteiras, a temida dor que indicaria uma recidiva de hérnia não aparece, a lombar está firme e forte. Vambora gente!

Está ali a parede, a temida subida até o km 32. Vista de longe, parecia pior que agora, quando sob nossos pés. Mas há que subi-la e tenho de manter o ritmo, posso caminhar em qualquer outro ponto, mas não aqui, essa lomba é minha e ninguém tasca.

Sinto pesar a cabeça, mas tento reagir. Puxo para trás, endireito o corpo, abro o peito, o topo está quase ali.

Um fulano grita, em inglês: "Faltam só cem metros, depois é só descida até o fim!"

Aquilo me deu uma alegria enorme, que serviu de combustível para escalar os últimos metros. Sabia que o pior estava por acabar. Até chegar ao topo, porém, cada junta doía, a cada instante vinha o desejo de abandonar, batia no meio da testa a pergunta: por que eu inventei de entrar nessa corrida? E mais: quem disse que isso aqui é esporte e diversão?

A resposta certa, claro, é "foram os gregos".

Nos Jogos da Antigüidade, a prova de abertura era uma disputa em pista. Historiadores acreditam que os Jogos tenham começado a ser disputados cerca de mil anos antes de Cristo, mas o primeiro registro escrito de que se tem notícia fala de uma Olimpíada realizada em 776 a.C., em Olímpia (daí o nome), a mais importante sede das competições pan-helênicas, em que participavam atletas de várias cidades gregas.

O primeiro campeão olímpico foi Koroibos, de Elis. Mas o corredor mais famoso da história, claro, foi o mitológico Ulisses, que venceu a corrida nos jogos organizados por Aquiles em honra de um amigo morto, Pátroco. Ele ganhou uma taça pela vitória, mas seu melhor prêmio veio em outra corrida, em que a vitória lhe deu o direito de casar com Penélope.

Nos Jogos, a primeira competição (e única, durante 13 olimpíadas) foi a stadion, assim chamada porque se realizava num estádio. Era uma prova em cancha reta, numa distância chamada stadia, que se referia ao tamanho da pista. A distância variava conforme o estádio; em Olímpia, era 192,27 metros, mas a pista tinha ainda uma área de largada e um espaço para desaceleração, cada um em torno de dez metros. A palavra stadion passou a ser usada, na época, também como unidade de medida.

A segunda modalidade só foi aparecer na 14ª Olimpíada, em 724 a.C. Também uma prova de velocidade, chamava-se diaulos, e a distância era de dois stadia, ou seja, ida e volta na pista. Para aproveitar a área de desaceleração, no final da pista, a partida da diaulos era do ponto de chegada da stadion.

Só na Olimpíada seguinte, em 720 a.C., surgiu a primeira corrida de resistência, a dolichos. Sua distância variava conforme o local em que era realizada; podia ter 7,10, 12, 20 ou 24 stadia. Em Olímpia, teria 24 stadia (pouco mais de 4.600 metros).

Finalmente, uma prova de corrida muito diferente: os atletas corriam armados, com capacete, escudo e uma proteção nas pernas. Por isso, a prova, que entrou nos Jogos só na edição número 65 (520 a.C.), chamou-se hoplites, referência aos soldados gregos. Era corrida em dois ou quatro stadia.

Os Jogos da Antigüidade foram disputados ao longo de mais de 1.100 anos, até 393 de nossa era. No ano seguinte, foram abolidos pelo imperador Teodósio, que, católico, considerava tudo aquilo uma celebração pagã.

Seria mais um bom motivo para abominar as religiões, mas nem pensava nisso agora, no final da que prometia ser a última barreira na maratona de Atenas, segundo lembrava das ilustrações que, na internet, apresentavam o traçado da prova.

No topo do percurso, no alto da montanha do km 32, porém, não vislumbrei aquela descida imensa com que sonhava. Não ia dar para apenas descer rolando os próximos 10.195 metros. Era lomba abaixo, certo, mas a força da gravidade, sozinha, não me levaria até o Panathinaikon.

Eu ia ter de correr. Mais, mais forte, mais elegante, melhor.

Os batimentos cardíacos, agora, passavam de 170 por minuto. Quando chegavam a 173, eu aliviava. Rapidamente caíam para 150 e, de novo, eu apertava o passo. O truque era tentar ganhar na recuperação mais terreno do que perdia no descanso. E parecia estar dando certo até que um fulano que eu estava para ultrapassar meio que pára na minha frente. Eu estendo o braço para me desviar dele, evitar o choque, e o movimento provoca uma dor no pescoço, é quase um torcicolo do lado direito.

A dor desce pela musculatura lateral até o quadril, eu fico furioso, tentando entender como aconteceu aquilo. Lembro outras maratonas em que um simples movimento diferente provocou também dores estranhas, fico analisando para ver se não é meio psicológico: "Ah, tá ruim mesmo, estou devagar, vou ficar com uma dor e parar por aqui mesmo." Mas me digo que eu sei que não vou parar, então não adianta buscar desculpa para parar.

Todo esse diálogo interior não resolve a maldita dor no pescoço, que me deixa meio torto. Faço massagens rápidas, fortes, no ombro direito, e mando bala.

É mais ou menos nessa altura do percurso que, no ano seguinte, na primeira Olimpíada do século XXI, a inglesa Paula Radcliffe, então dona do melhor tempo do mundo na maratona feminina

(2h15min23), iria abandonar a prova e ficar sentada na guia da calçada, chorando seu desespero e dor. Também ali, nas ruas de Atenas, o brasileiro Vanderlei Cordeiro de Lima entraria para a história olímpica ao superar garbosa e galhardamente o ataque de um irlandês doidão, que invadiu a pista para fazer uma espécie de manifesto religioso destrambelhado.

Tudo isso seria no futuro, no ano seguinte. Agora, eu tentava me concentrar para sobreviver ao calor e ao bafo dos quilômetros que faltavam.

Fico esperando ver Atenas, avistar a Acrópole, talvez o Partenon ou aquela igrejinha branca que, ela sim, fica no topo da cidade. Que nada! Chegamos a avenidas urbanas, reconheço o caminho que o ônibus fez quando nos levou.

Agora está fácil, é o km 40, avenida larga.

Fácil para quem, cara-pálida? No canteiro, um corredor se larga sob a sombra de uns arbustos. Mais à frente, um sujeito está estatelado no chão e, se eu não visse o pessoal do serviço médico o atendendo, diria que estava morto, imóvel.

Passo correndo (modo de dizer, mas mais rápido do que estivera no km 32, com certeza), e dali a pouco a ambulância vem guinchando atrás de mim, aproveitando o caminho desimpedido.

Decido reduzir um pouco mais, guardar forças para aumentar no último quilômetro. Passo por uma belíssima estátua de um corredor, exatamente o ponto em que, cerca de duas horas e meia antes, o queniano Stephen Rugut fora ultrapassado e não conseguira mais voltar à liderança, cedendo a vitória a Zerebayo Bavo, da Tanzânia, que fechou em 2h16min59. A primeira mulher foi a holandesa Nadja Wijenberg (2h43min18).

Enquanto corria, não sabia de nada disso. Só ficava pensando na Eleonora no estádio, só tentava ver o estádio, a chegada que deveria agora estar tão próxima. Quem sabe na próxima curva.

Nem nela nem na outra. Entro na avenida do Panathinaikon, mas não o vejo.

As arquibancadas estão escondidas e, agora, o público que se acotovela nas calçadas aplaude os corredores e também impede que a gente vislumbre o que está mais para a frente.

Enfim, avisto as arquibancadas gloriosas. Eu vejo aquilo tudo, as bandeiras azul-e-brancas da Grécia, mas não posso entrar no estádio. Numa perversidade final, o trajeto passa pelo Panathinaikon para seguir até a esquina seguinte, quando afinal fazemos o retorno e embicamos, aí, sim, para as últimas dezenas de metros.

Já não tenho dor nenhuma, nem nas costas, nem no pescoço, nem nos pés. Só vejo uns caras que tinha marcado para passar, um já foi, tem um outro quase ao meu lado, um mais para a frente, vou correr.

Acelero antes de entrar no estádio, olho para o chão, não vou escorregar agora, há uma rampinha para chegar à pista, é ali mesmo que eu puxo a bandeira do Brasil que carreguei numa pochete durante toda a prova.

Levanto o braço agora verde-amarelo, grito "Brasil!", ouço o estádio responder, vou gritando "Brasil!", procuro Eleonora, o estádio está berrando comigo, vejo o pórtico de chegada, berro um beijo para Eleonora e cruzo, passo, chego, venço. Ao menos naquele instante, sou um atleta olímpico.

As informações históricas foram obtidas em *Marathon Races*, de Stavros A. Tsonias (edição do autor); consultando outras fontes, notei incongruências de datas e de grafias de nomes, mas segui o publicado no livro. Também foi consultado *The Olympic Games in Antiquity*, da arqueóloga Tina Zissi.

Dragão milenar

Great Wall Marathon
Tianjin, China

22 de maio de 2004

Poças de sangue novo, denso, vermelhão, gritavam a advertência: todo cuidado é pouco nos degraus da Grande Muralha. Mas seguíamos correndo pelos intestinos da maior construção já feita pelo homem, que serpenteia ao longo dos séculos pelas montanhas da China. São mais de seis mil quilômetros de fortificações erguidas na crista da serra para proteger a propriedade de antigas dinastias chinesas dos ataques dos bárbaros do Norte. A nós, que participávamos da Maratona da Grande Muralha, foi reservado um pequeno trecho, livre de turistas e prenhe de desafios: mais de 1.700 degraus de tamanhos diversos, áreas semidestruídas e locais com risco de desabamento.

Às três da madrugada do dia 22 de maio, Eleonora e eu entramos no ônibus que nos levaria ao ponto inicial da competição, a cerca de três horas de viagem a nordeste de Pequim. Na condução, havia ainda australianos, sul-africanos, sul-coreanos, moradores de Cingapura, norte-americanos, ingleses e uma espanhola que vive no Camboja, é filha de irlandês e tem namorado na Guatemala. À mesma hora, mais de duas dezenas de ônibus largavam de hotéis de Pequim levando corredores de 30 países.

Já tínhamos tomado o chá matinal, comido uma banana e carregávamos o lanche para ser consumido uma hora antes da largada. Não dava para confiar no farnel fornecido pela organização, que incluía sanduíche de pão branco com maionese e frios, iogurte e um ovo duro. A mistura está longe de ser recomendada para quem vai correr uma maratona, mas muitos colegas de ônibus mandaram ver.

Apesar do sono, não deu para dormir no trajeto. Estava um frio de rachar e, quando a gente embalava um descanso, havia uma parada por uma razão qualquer. A primeira foi só para concentrar todos os ônibus num só comboio. Uma hora mais tarde, aconteceu o pit stop para banheiros informais, no meio de plantações. A gente desceu tiritando, os mais friorentos batiam queixo.

Quando finalmente chegamos ao ponto de partida, a localidade de Huangyaguan, na província de Tianjin, era mais de 6h30. O frio continuava, estava nublado, mas eu sabia que aquilo era alarme falso. A meteorologia previa temperaturas por volta dos 30 graus, como no dia anterior.

Em menos de 15 minutos, já dava para perceber que o homem do tempo não ia errar. O vento diminuíra um pouco e já era possível ficar parado sem tremer na cidadela fortificada de onde partiríamos para enfrentar o dragão. Estávamos numa área plana, onde outrora fora talvez um local de concentração de tropas, um vilarejo protegido pela muralha. Hoje, o terreno cercado é dividido em vários blocos, incluindo um grande estacionamento rodeado por lojinhas para turistas, camelôs e camelos (nos quais, pagando módica quantia, você podia montar para ser fotografado) e a praça Yin Yang, local de eventos cívicos e esportivos, que tem esse nome por causa dos símbolos taoístas do masculino e do feminino que decoram o centro do quadrilátero.

Logo começou o aquecimento, dirigido por uma chinesinha que parecia de borracha. Eu fiquei fora da sinoaeróbica, concentrando, pensando no que estava por vir. Ainda tivemos que ouvir breve discurseira de autoridades locais e dos organizadores da prova.

E chegou a hora de concentrar. Formamos um bolinho tenso, menos de 500 pessoas que iriam enfrentar distâncias diversas, da maratona completa a um percurso de dez quilômetros, todas com trechos sobre a muralha. Meia hora depois, de outro local, sairiam as duas dezenas de atletas participantes da prova de cinco quilômetros.

Apesar das cerimônias, não teve hino nem nada. Soou o tiro e disparamos. Em segundos, todos passamos pelo tapete vermelho. O entusiasmo queria nos fazer largar o pau direto, mas éramos contidos, forçados a segurar para enfrentar a fila e sair a passo da cidadela, cruzando pelo estreito portal da praça fortificada. Das arquibancadas, Eleonora me mandou mais um beijo de boa sorte, e fui para a estrada.

A descrição do trajeto martelava na minha cabeça: os primeiros 800 metros eram planos, em asfalto. A seguir, uma curva para a esquerda e começaria a subida. Muitos me passavam velozes, a outros tantos eu, lento, passava nesses movimentos iniciais. A vontade era de correr, correr, correr. Mas eu também estava decidido a terminar muito inteiro: ficava me babando para abrir a passada e no entanto mantinha o trote.

Mesmo assim, quando começou o morro, não deu para conter a satisfação. No meu ritmo batido, ia de curva em curva e já via gente caminhando. Alguns se divertiam: um casal disparava à frente e depois trotava de costas, morro acima, oferecendo balinhas energéticas para os mais lentos.

A brincadeira deles não durou nem meia subida. No km 3, aonde cheguei em menos de vinte minutos, com média mais forte do que havia previsto, mas dentro do ritmo planejado de batimentos cardíacos, o casal já tinha ficado. Eu também passara de uma corredora norte-americana, vizinha do ônibus de vinda, cujo físico parecia indicar atleta de alta performance, mas não se confirmou.

O morro cobrava de quem forçara. Calculo que subimos de 300 a 400 metros ao longo de pouco mais de quatro quilômetros, num percurso que lembra a subida ao Cristo, na cidade mineira de Poços de Caldas: montanhas de um lado, vale de outro, trechos íngremes, curvas fortes, alguns metros com inclinação mais leve, dando um refresco.

Nas escarpas da montanha, havia uma ou outra propriedade, casas indicando civilização. Mas quase nenhum morador se dignou a vir assistir à corrida dos estrangeiros. Vi um menino, solitário de pé numa mureta: parecia cena de filme, lembrava o argonauta pesquisando o horizonte.

Uma leve brisa reduzia o impacto do sol, que já vencera todas as nuvens matutinas e brilhava forte. Antes do km 5, dois postos de água em pontos estratégicos aliviavam nosso esforço, enfim recompensado pela vista de um portal com inscrições em caracteres chineses e, mais à frente, a área de acesso à muralha.

Mais um gole de água e entrei na forte rampa de grandes rochas que levava a um pequeno pórtico, onde uma placa de ferro dizia o óbvio: entrada da Grande Muralha. Eu estava me encontrando com a história.

A Grande Muralha da China foi construída por milhões de trabalhadores ao longo de séculos. O trecho em Huangya, onde corremos parte da Maratona da Grande Muralha, começou a ser erguido por volta do ano 500 da nossa Era, mas há seções muito mais antigas.

A pré-história da fortaleza data da Era da Primavera e do Outono (de 770 a.C. a 470 a.C.), quando os ducanatos começaram a erguer fortificações, estruturas gigantescas de proteção de suas regiões, mas sem ligação entre si.

A integração das grandes edificações começou em 221 a.C., sob o reinado de Qin Shi Huang, o Primeiro Imperador, responsável pelo primeiro governo central a dominar toda a China. Ele queria construir um paredão de defesa contra as invasões dos bárbaros do Norte, os hunos, para manter protegido o país e garantir estabilidade para seus sucessores. Mas o próprio processo de construção da Muralha, com trabalhos forçados e tratamento cruel, foi um dos fatores que provocaram a revolta dos camponeses, que acabaram destruindo a dinastia depois da morte de Qin, em 210 a.C.

A dinastia que se seguiu, Han, também investiu na Muralha, promovendo reparos e ampliando trechos, expandindo a obra rumo a oeste até o deserto de Gobi, com a missão de ajudar a proteger os mercadores que seguiam pela Rota da Seda.

Finalmente, a terceira dinastia a ter importante papel na edificação foi a Ming, já na nossa era, durando de 1368 a 1644. Foram os maiores construtores, e a maior parte do que vemos hoje na Grande Muralha é herança dos Ming.

No total, a Muralha e suas ampliações somam mais de seis mil quilômetros — cerca de 6.400 quilômetros ou mais de 12 mil li, antiga unidade de medida chinesa equivalente a cerca de quinhentos metros. Por isso, a palavra chinesa para a Grande Muralha significa "muralha de dez mil li". Há quem diga que com os tijolos e pedras usados na fortaleza poderia ser construído um paredão de dois metros e meio de altura e um metro de largura abraçando a circunferência da Terra na altura do equador.

Apesar do grande investimento material e humano — um antigo ditado chinês afirma que cada tijolo da edificação representa uma vida enterrada nela —, não há consenso sobre sua eficácia como agente protetor.

Os mongóis, por exemplo, vieram do norte e dominaram o país. Foram derrotados pelos Ming, cuja dinastia durou quase trezentos anos, mas foi deposta por inimigos vindos do outro lado do paredão, os manchus.

Antes de vir para a China, procurei aprender um pouco mais sobre o desafio que enfrentaria. Por mais que se leia, porém, nada se parece com a coisa viva e verdadeira. O primeiro lance de escadas é quase normal: apesar de muito íngreme, os degraus são de altura semelhante, em pedras razoavelmente parelhas, que permitem uma subida ritmada até chegar ao topo.

A muralha é um paredão enorme, com largura muito variada, mas calculo que, no trecho em que corremos, as partes mais amplas tinham de quatro a seis metros. Tem paredes supergrossas, entremeadas por seteiras. De vez em quando, um torreão, espécie de guarita monumental. As paredes têm em média nove metros de altura; as torres chegam a mais de vinte metros.

A fortificação foi construída no topo da cadeia de montanhas que se espraia de leste a oeste pelo norte chinês. Ela segue a topografia serrana, subindo aos picos e descendo aos vales, sempre no ponto mais alto da região por onde passa. O trânsito nessas descidas e subidas, em geral extremamente íngremes (calculo que pelo menos duas escadarias tinham ângulo de menos de 45 graus, eram quase a pique), era por escadarias ligadas por pequenos platôs.

Depois de séculos de ataques bárbaros, guerras intestinas e descaso governamental, esse patrimônio da humanidade voltou a ter alguma manutenção. Grande parte dos trechos está destruída ou tomada pela natureza, mas há alguns que foram recuperados, receberam um leve trato para ficarem em condições de abrigar turistas e gerar divisas para o país.

As primeiras escadarias que enfrentamos são uma beleza, com degraus em tijolos cinzentos. Os pontos em que a descida será mais íngreme estão marcados com tinta branca. Mas nada nos avisa que, apesar de terem a mesma profundidade, os degraus em cada lance não têm a mesma altura. Ainda bem que, dois dias antes, fizéramos uma visita de reconhecimento, caminhando lentamente, com extremo cuidado, por todo o terreno da fortificação. Eu ficava me dizendo: "Onde é mais fácil está o perigo, não pode dar de barato, não te entusiasma, cada degrau é um degrau."

Acontece que, lá do alto, você vê o monstrengo se esparramando pela serra e só pensa em sair daquela armadilha. Sabe que cada vez vai ficar pior e, estando em escadas com um grau razoável de civilização, tenta mandar ver. Acredita que os lances são normais, basta seguir o ritmo.

Errado! Logo um degrau de mais de quarenta centímetros de altura pode te derrubar, se você desceu a perna esperando encontrar só a metade do desnível. Perto de mim, não vi ninguém caindo, apesar de ouvir alguns palavrões e escorregadelas. Eu caminhava nos degraus, lembrando do dia da inspeção, enfrentando um por um.

A moleza só vai até atingirmos a torre que marca o ponto mais alto do percurso sobre a marulha. A partir daí, o piso é de pedra lascada, rochas irregulares. As passagens são estreitas, as descidas são íngremes, em vários pontos não há paredes.

Na muralha cinzenta, colorida pelos uniformes dos corredores, agora transformados em caminhantes extremamente cuidadosos, começam os trechos de fila indiana. Um a um, seguimos nos esgueirando, encostados no paredão, agarrados a um corrimão improvisado, tentando ficar o mais longe possível do outro lado do caminho, desparedado, com muitos metros de um paredão a pique.

Mesmo assim, um ou outro força a passagem, apenas para parar no segmento seguinte, ainda mais complicado, em que nem há mais corrimão de ferro, apenas uma corda para ajudar no precário equilíbrio da descida. "Não escorregar, não tropeçar, não torcer o pé, não cair" são as ordens que fico me repetindo, diferente do mantra de todas as maratonas — "Não ceder, não afrouxar, não reduzir, não desistir".

Chegar de novo à rocha mais ou menos plana, ver que agora há uma subida, passa a ser um alívio — eta percurso monstruoso!, em que subir escadas a prumo é descanso. Dá para caminhar mais rápido, passar quem está pior ou simplesmente descansar e aproveitar para fotografar o cenário (levei na pochete uma câmera e dois filmes, além do estoque de carboidrato em gel).

Mais pedras, outra passagem, mais uma torre e, lá de cima, finalmente, tenho a visão da cidadela de onde saímos. Nem dá para acreditar que vamos descer até lá. Mas é verdade. Um trecho sem degraus permite até um trote e, quando parece que vamos ter de enfrentar outra subida monstruosa, um grupo de pessoas da organização orienta para uma quebrada à direita, um lance de escadas: estamos fora da muralha.

Saímos da fortaleza, mas ainda estamos no alto da montanha. Na frente da curva, deixando a muralha, uma faixa improvisada saúda o noivado de um casal de estranhos nomes, provavelmente de algum país escandinavo. Do lado, um banheiro de alto nível: biombo de pano de dois metros quadrados.

Da muralha, caímos na montanha, descendo agora por uma trilha cortada na terra, em chão coberto de pedregulhos assustadores, ameaçando um escorregão a cada instante. Vamos nos equilibrando morro abaixo, de novo em lenta fila indiana, que me permite ouvir as conversas de colegas próximos.

Atrás de mim, duas corredoras norte-americanas falam em altos brados, revelando que são atletas de elite, sim, mas da elite econômica. Amigas de outros eventos esportivos, comentam suas atividades na rica Califórnia, falam de compromissos sociais, jogos de golfe. Uma conta que o marido não quer saber de golfe nem de corridas, mas adora caçadas e vai sair em uma expedição para a Patagônia atrás de uns bichinhos que ela não consegue saber exatamente o que são. "Perdizes", grito eu, entrando na conversa, e elas tentam pronunciar a palavra em português. Isso serve para começar rápido diálogo, em que elas se interessam pela minha camiseta, onde escrevi meu nome, o do Brasil, o da Eleonora e os de toda a minha vida: filhas, pais, irmãos, cachorros, cidade, músicas.

Encontrar pessoas tão diferentes é um dos pontos altos da aventura. Agora, estava imerso no percurso, mas, nos últimos dias, tinha me divertido bastante com nosso grupo multinacional que, por força das características do evento, acabou tendo uma convivência maior do que a que temos em outras provas.

No primeiro café no hotel, na primeira manhã na China, você já percebe quem são os corredores. Como todos ainda estão se adaptando ao fuso e ao tudo-diferente que é a China, há pouca comunicação. Mas o gelo quebra em pouco tempo: vai começar o tour para conhecer os mais importantes pontos turísticos de Pequim.

O microônibus em que vamos leva dois casais de australianos, um bem jovem e um mais velho — em ambos, as mulheres vão esperar e os homens vão correr. Já os dois integrantes do casal canadense, hoje vivendo no Japão, pretendiam correr — ele a meia maratona, ela os dez quilômetros, mas a madame se descobriu grávida e já percorre a China ostentando a barriga (apesar de dizer que ia desistir, no final acabou correndo/caminhando os cinco quilômetros). Uma norte-americana mignon que trabalha na sala de emergência de um hospital militar dos EUA no Japão completa a turma.

No dia seguinte, nosso grupo é diferente. Estamos num ônibus normal, que carrega os corredores de nosso hotel. É madrugada ainda quando saímos para a visita de inspeção à Muralha, mas, aos poucos, rola alguma conversa entre os corredores.

Bem na frente, sentam dois jovens universitários da Coréia do Sul que vão fazer na Muralha sua estréia em maratonas. Depois deles, outro sujeito um pouco mais velho, mas ainda no início dos 20 anos, que mora em Cingapura. Também morador de Cingapura, egresso da África do Sul, o irlandês Steve vai se revelar mais tarde o animador do ônibus. Ele viaja com o pai, George, veteraníssimo da Comrades.

Nos bancos à nossa frente, uma turma divertida de amigos que trabalham no Camboja, numa ONG ligada à área de direitos humanos que assessora o governo. Há uma nisei norte-americana, um sujeito dos Estados Unidos e a mais internacional de todos: uma espanholinha filha de pai irlandês que já trabalhou em vários continentes e mantém namoro à distância com um sujeito da Guatemala. Vão todos para a meia maratona, assim como um ex-militar norte-americano, agora no Japão, que só fala da filha pequena.

Na turma do fundão, duas garotas da África do Sul. Uma delas, Fiona, vai se revelar mais tarde a contraparte de Steve (ele ficava com o microfone lá na frente, ela berrava de volta do fundão). Sua parceira, que fez a meia, entrou muda e saiu calada, assim como boa parte do restante do ônibus, que não deixou maiores lembranças.

Nas paradas técnicas, encontramos pessoal de outros hotéis e ônibus. Pela janela, vejo uns caras com uniformes verde-vermelhos e já saio gritando: "Arriba, Mé-rri-cooo!", e eles respondem: "Brazil". Não que eu conhecesse o uniforme, é que o nome do país estava escrito nos agasalhos.

A formação do nosso ônibus foi mantida na visita de inspeção, na ida para a corrida e na ida para a festa final. Mas ainda tivemos outros encontros, no ônibus que, no dia da visita de inspeção, levou apenas maratonistas para conhecer o percurso pela área rural.

Foi uma visita tensa, chata, cansativa, em que acabamos não chegando a lugar nenhum por causa de surpreendentes engarrafamentos e erros de trajeto. Mas deu para conhecer um entusiasmado maratonista da Nova Zelândia, Kym Black, que chega a fazer nove provas por ano e ainda inclui ultras no cardápio.

Por fim, ainda fizemos amizade com o multinacional casal Lopes, ela brasileira, ele francês, e com a brasileira-americana Maria, que mora no Havaí, onde é corretora de imóveis, corre ultras e disputa triatlos. Aqui, fez a meia maratona.

Na prova, todos nós, maratonistas, meio-maratonistas e dezquilometristas, descíamos pela montanha íngreme. Há que concentrar, pois numa curva quase que o pé se foi. É que a gente continuava a ver a cidadela, e eu esperava ser visto pela Eleonora. De vez em quando, acenava para o povo lá embaixo, quem sabe ela me via.

Já não era trilha de pedregulhos, mas degraus de rocha e terra cortados na montanha, pedaços de pedra para apoio, tufos de grama em que podíamos buscar suporte. Estávamos de novo perto da fortificação, em breve sairíamos do terreno mais selvagem para alcançar a construção.

"Rodooooolfo!", eu ouvi, e logo vi, do outro lado de um leito seco de rio, Eleonora armada com sua câmera. Mandei beijos e eu-te-amos, soltei meu grito de guerra: "Agora é só morro abaixo!", e saí da montanha, voltando à muralha que cerca a cidadela em Huangyaguan.

A entrada na cidadela é um choque de falta de luz. Passamos por um torreão em que a penumbra é forte e, pela primeira vez, vejo à frente um trecho plano de mais de trinta metros. No entusiasmo, abro a passada para seguir reto, mas a alegria dura pouco: a marcação em tinta branca no chão indica que tenho de quebrar à esquerda, e não ir direto para o torreão que dá acesso à escadaria de saída da cidade. Antes de chegar ao asfalto ainda enfrento mais uma montoeira de metros sobre o muro que rodeia o vilarejo.

De qualquer forma, o primeiro trecho é plano, até alcançar outra superguarita, mergulhar na escuridão e em segundos sair de novo para a luz total do sol e para degraus que surpreendem quem esperava a continuação lógica e plana. Ali estavam as poças de sangue. A armadilha de luz e sombra derrubara alguém, provavelmente havia poucos minutos, pois o sangue brilhava ainda nos degraus.

Mais tarde, no hotel, um corredor de mais de 70 anos ostentava seu nariz machucado, o ombro lanhado. Caíra, mas seguira em frente. E nós outros também.

Logo a seguir, ainda no topo do muro, encontro a marca do km 8, a primeira que vi desde que montara no dragão. Tinha entrado no muro da cidadela com 1h37 de corrida, 55 minutos depois de subir o primeiro degrau da muralha, e chegava ali com 1h41, um média tartaruguesca de quase 13 minutos por quilômetro — meu melhor ritmo de maratona é inferior a cinco minutos e quarenta segundos por quilômetro.

Mas estava forte, descansado, capaz de descer a última escadaria escura em passos firmes e entrar na praça correndo, gritando, chamando Eleonora, trocando beijos pelo vento e ouvindo aplausos do pequeno público que estava na arquibancada. Ainda deu para lembrar que, na emoção do percurso, deixara de tomar o carboidrato previsto para a primeira hora. Tudo bem, tomei com 1h45, aproveitando a água oferecida no portal de saída da cidadela, e botei na cabeça o horário, prometendo ser rigoroso e engolir um sachê a cada hora seguinte.

Como é bom correr em estrada! Que diferença faz o terreno firme, ainda que enfumaçado pela descarga de carros, caminhões e ônibus. Apesar de não ser o destino turístico mais concorrido entre os trechos recuperados da Grande Muralha e, em teoria, estar fechado para a prova, Huangyaguan tinha trânsito bem considerável, e nós corríamos sem nenhuma proteção, apenas cuidando para ficar no acostamento e fugindo dos motoristas chineses, que gostam de uma buzina como nunca vi igual e também são fãs da velocidade.

Em alguns pontos, policiais orientavam o trânsito, mas em nenhum lugar houve qualquer tipo de barreira para separar corredores e veículos.

Tudo bem, não dá para reclamar muito pois também não haveria sentido em fechar por quase todo o dia uma estrada de forte movimento por causa de meio milhar de estrangeiros malucos, que gastaram pequenas fortunas para ter o direito de correr nas montanhas e planuras chinesas.

De qualquer jeito, foram poucos os quilômetros no asfalto, nem três depois da saída da cidadela, mas muito bem aproveitados. No fatídico km 8, minha média indicava que não terminaria no prazo máximo permitido — oito horas. Mas também sabia que, nos próximos vinte quilômetros e tanto, iria descontar.

O pequeno trecho plano de asfalto suburbano confirmou isso: logo minha média baixava para menos de 12 minutos e meio por quilômetro e o coração nem batia, o freqüencímetro firme e forte nos mesmos 145 bpm com que saíra.

Pensava que tinha decorado a descrição do percurso apresentada pelos organizadores. Não só não tinha como percebi que o texto fornecido, apesar de bem-humorado e colorido, não chegava nem perto do que vivíamos. Quando pensei que ia poder soltar o pé no asfalto, protegido do sol por fileiras e fileiras de árvores, vejo à frente a turma da organização indicando um desvio: entrávamos em terreno de chão batido, acascalhado.

A estrada, outrora, devia ter sido uma passagem um pouco elevada, acima das águas do rio agora seco, vazio — imagino que por causa de uma barragem erguida uns vinte quilômetros ao sul. Então corríamos a sol aberto. O terreno esbranquiçado, calcário, e as pedras lavadas no leito seco contribuíam para aumentar a luminosidade.

Junto com o calor vinha o fedor, pois em alguns lugares ao longo da estrada e no terreno abaixo havia depósitos de detritos. Mais à frente, um pastor levava suas cabras pelas pedras. Do outro lado do ex-rio, algumas casas simples, de tijolos, e pequenas lavouras desafiavam o terreno íngreme.

Na estradinha, o movimento de corredores era bem razoável. A turma que corria os dez quilômetros havia ficado para trás, pois ainda do asfalto retornara para o ponto final, na praça Yin Yang. Mas os meio-maratonistas ainda estavam com a gente.

Um deles, uma norte-americana, notou o Brasil escrito em minha camiseta e gritou que na sua turma havia uma brasileira. Rápida, por sinal, e experiente ultramaratonista. "Muito divertida e bonita, como todas as brasileiras", disse ela. Ali, porém, a compatriota estava fazendo apenas 21,1 quilômetros. Gritei minhas saudações, pedi à senhora que avisasse sua colega de viagem, quem sabe a gente se encontrava na chegada, e segui meu caminho.

A sede bateu, mas logo à frente havia um superposto de hidratação, em que além de água em garrafinhas fechadas oferecia bananas cortadas e uma bebida isotônica servida em copos de papel. Fiquei só na água e quebrei à direita para cruzar uma ponte e entrar no primeiro vilarejo que iria atravessar, Duanzhuang.

Pobre, simples, mas sem favelas. As casas pequenas, de alvenaria todas as que eu vi, se espraiavam em ruelas em longo da estrada principal. Muita gente na soleira das portas acompanhava a passagem dos corredores. Havia especialmente pessoas mais velhas e criançada, que faziam a festa. Alguns aproveitavam para engrolar o inglês num "Hello" cantado, a que eu respondia com "Ni hao!" em chinês castiço. Outros faziam questão de cumprimentar com um tapinha nas mãos — um pai chegou a pedir para eu não deixar de bater os cinco com a filhotinha pequena, de dois ou três anos, que se alinhava meio escondida entre a meninada pouca coisa mais velha.

Coisa de quinhentos, oitocentos metros, e já estava fora do vilarejo, de novo na estrada aberta com plantação de cada lado. Não consegui descobrir o que cultivavam, mas de vez em quando ouvia o que me parecia ser um canto de pássaro. "Cuuu-co", gritava, tal qual os relógios. Fiquei matutando, pensando se era um aviso mecânico para os trabalhadores largarem a roça, toda ela lavrada, plantada e colhida à mão, ou se era mesmo a ave, que nunca tinha visto antes. Continuei sem ver, mas, mais tarde, confirmei que era o tal bichinho, "bu qu" para os íntimos, mas de nome completo "bu qu liao".

Logo outro cheiro anunciava que estava perto de mais um vilarejo. Agora vinha o fedor de detritos humanos, lixo mesmo, que estava jogado na beira da estrada, no acostamento que já era o início do terreno lavrado. Provavelmente, seria usado como adubo, assim como o esterco. Mais à frente, o cheiro ficava mais definido, já via as primeiras construções de tijolos, grandes galpões cujo aroma denunciava serem chiqueiros. Não dava para ver nada, as paredes cegas eram voltadas para a estrada, que em seguida já dividia o novo povoado, quase um retrato do anterior.

Consegui agora identificar o que havia estranhado no outro vilarejo e aqui se repetia: diferentemente do que acontece no interior brasileiro, a comunidade não se forma a partir da igreja, nem a casa de orações é a maior construção do povoado. Ali, as construções eram praticamente todas do mesmo gênero, pequenas e simples, com destaque para algum serviço para a comunidade, escola ou hospital, que eram os prédios maiores, mais enfeitados.

E deu para a bola que tem estrada de novo. Já passei do km 12, a média por quilômetro melhorou bem, mas ainda estou na área de risco. Começo a prestar mais atenção ao corpo, não há sinais de cansaço, não tenho dores. Tomo água, dois ou três goles em cada posto, que aparecem amiúde, colocados a intervalos menores que os prometidos e muito bem servidos, ainda que a água nem sempre esteja gelada — à medida que o calor aumenta, a qualidade piora.

O próximo posto não é de hidratação, mas um divisor de águas. Um painel colorido tem uma flecha preta indicando o rumo da frente, outra vermelha quebrando à esquerda. Os maratonistas seguem, os da meia dobram. "É aqui que se separam os meninos dos homens", cheguei a pensar, lembrando o chavão norte-americano e fotografando a placa. Quando embiquei na minha estrada, porém, caí na real: "Agora é que a porca torce o rabo", adverti para mim mesmo, cheio de ditados.

Na minha frente, estrada, campo, árvores na beira do chão batido e, uns cinqüenta metros adiante, uma corredora solitária. Mais solitário era eu, que ainda por cima estava perdendo também dela. Não conseguia me aproximar, mas ela também não conseguia escapar: enfim, tinha um coelho, alguém a quem perseguir, quem sabe ajudar a baixar minha média, àquela altura já bem próxima da linha salvadora, mas ainda sem prometer muita segurança para enfrentar com calma a segunda passagem pela muralha.

Às vezes, me esquecia dela, lembrando de meus longos treinos solitários, dizendo que tinha de seguir e manter meu ritmo independentemente de quem quer que fosse. Mas logo o numerozinho 124, nas costas da fulana, vinha me atazanar de novo. Ela caminhava, eu trotava, chegava mais perto, ela partia, bem leve, com poucas passadas aumentava de novo a distância.

Lá na frente, avisto um sujeito caminhando. Agora, todos somos maratonistas, todos somos adversários, rivais a enfrentar e a derrubar, mas também parceiros, cuja presença desafiadora serve de incentivo para a gente se manter firme, forte e ritmado.

"Se eu vejo alguém, é porque vou passar dele. Estou descansado, ele já correu mais do que eu, em algum momento vai ter alguma queda", me dizia.

Mas a fulaninha não quebrava. Ficava mais perto do sujeito, eu na cola dela, sem me aproximar. Ela enfim emparelhou com o cara e começou a conversar, eu chegava a ouvir as vozes, sem identificar as palavras, e aproveitei para chegar mais perto.

Ela incentivou o cara, que caminhava meio desanimado, a voltar ao trote. Parecia brincadeira, mas agora eu estava mais perto. No km 17, fiz minha primeira ultrapassagem, os dois de uma vez, e a 124, uma americana, ainda me disse: "Eu sabia que você ia me passar." Só cumprimentei de volta, porque me pareceu até gozação: logo ela largaria do fulano, que já havia completado maratonas nos 51 Estados norte-americanos (estava escrito nas costas da camiseta dele), e levezinha passaria por mim. Mais à frente avistei outros corredores retardatários e troquei de objetivo, mas mantive a 124 de alvo — quem sabe um dia...

Sem grandes mudanças no terreno e no piso, o calor começava a preocupar, mas o vento facilitava as coisas e a abundante oferta de água também. Cheguei a um posto muito importante, que lembrava vagamente a descrição do percurso: dali partiríamos para a metade da prova e para mais um morrão.

Saboreei ainda 500 metros de asfalto plano e também o primeiro momento em que parecia estar participando de uma corrida movimentada: encontrava com os corredores mais rápidos, que já haviam contornado a montanha e voltavam para o posto de água, de onde seguiriam para a direita, por nova estrada de terra perdida entre lavouras. Alguns eram conhecidos do ônibus ou de algum passeio, outros saudavam só pelo prazer de encontrar alguém.

Uma moça gritou, alvissareira: "Vocês vão ter uma descida ótima ali na frente!" É, mas antes provavelmente teremos uma subida igualmente ótima, pensei eu com minhas joaninhas.

Dito e feito. Mais umas passadas e a estrada se bifurcava. Da esquerda, desciam os maratonistas mais rápidos; nós subiríamos por não sabia quantos quilômetros nem em qual inclinação. Só sabia o que via: a estrada serpenteava morro acima, alguns patamares lá no alto caminhavam novos alvos, e eu não conseguia enxergar o final da montanha.

Do cenário monumental, voltava a vista para a estrada, tentando ver quando ia acabar o morro. Uma curva para cá, outra para lá, quem sabe agora. Num trecho mais íngreme, resolvi caminhar mesmo, porque estava trotando mais lento do que se seguisse a passo.

Quando avistei o topo, apertei de novo o ritmo, queria fazer uma foto do ponto mais alto, gravar o cenário distante. Para surpresa minha, no km 22 e um pouquinho, o pico da corrida fora da fortaleza, um casal conversava no meio da vegetação à margem da esquerda — pai e filha, pelo jeito. Com gestos, pedi que me fotografassem tendo ao fundo a paisagem. Depois que entenderam, o homem fez a foto e ainda pediu para fazer outra, desta vez com a garota ao lado do estrangeiro doidão.

Depois da curva, começa a descida, tão forte quanto a subida, mas sem serpentear tanto. Meus alvos estão à vista, mas dificilmente vou encostar neles tão cedo. Passam por um vilarejo no meio do morro, sigo no encalço deles, mas sem sucesso.

Nessa batida, seguimos todos mais ou menos perto, sem trocar de posições, até o posto de água de onde dobramos para mais solidão. Antes fosse, porque logo passa um caminhãozinho velho, coitado, se arrastando e queimando óleo como nunca vi, uma fumaça preta nos envolve, mas não tem jeito, parar é que não vou, ainda mais que logo tem uma corredora que parece estar diminuindo o ritmo.

Emparelho e me surpreendo, é a americana de nosso ônibus, que eu havia superado na primeira etapa da prova, ainda na subida do morro antes de chegar à muralha. Provavelmente ela me passara nas escadarias e abrira larga folga, mas agora tudo volta ao que era antes no quartel de Abrantes.

Deixar mais um para trás foi incentivo para enfrentar mais uma rampa, curta e poderosa, íngreme, com uma curva em subida no final. Pelo que me lembrava, seria a última do percurso, segundo a descrição feita pela organização, mas não facilitei e caminhei também.

Por uns dois quilômetros, talvez mais, o terreno desaba em uma trilha pelo campo, embarrada. Irregular, que corta povoados, derruba ritmo de corredores, destroça tornozelos. Para mim, que não tinha muito de ritmo a diminuir, foi sopa no mel: nesse trecho alcancei e passei a 124, que tanto havia me infernizado, e ainda superei outros tantos. Para um colega, porém, a situação ficou dramática: caiu, não conseguiu seguir. Quando passei por ele, já estava de pé e, auxiliado por duas ou três pessoas, mancava em direção a um carro: sua maratona tinha terminado.

A minha continuava, e agradeci aos treinos de equilíbrio, às horas de exercícios de fortalecimento das costas, ao trabalho de alongamento. Nem a lombar doía, nem dava para saber que eu tinha hérnia de disco.

Faltava pouco para embicar no caminho de volta à muralha. Uma curva saindo da vila e, de novo, estava na ponte sobre o leito seco do rio. Do outro lado, um posto de água e, no percurso que conseguia vislumbrar, uma cena que chegou a me deixar emocionado: um monte de corredores que nunca tinha visto, que provavelmente sempre estiveram muito à minha frente, agora estavam ali, ao alcance do meu olhar e, logo, prometi, seriam ultrapassados.

Aproveitei o posto para, pela primeira vez, jogar água no corpo, refrescar a cabeça, aliviar as pernas, e então seguir pelo trecho de chão batido plano. Quem tinha forçado o ritmo agora pagava. Corredores se animavam em grupos, e eu passava a todos, me inflando e inflamando. Afinal, a gente é lento, mas gosta de pequenas vitórias, conquistas preciosas a cada quilômetro.

Metros à frente, um grupinho com pessoal da África do Sul, pátria-mãe de ultras, também foi deixado para trás. Já passava do km 32, minha média quase encostava nos nove minutos por quilômetro, o que me daria muito tempo para completar a etapa final.

Um dos ultrapassados resolveu reagir, eu ouvi suas passadas vindo pelo lado direito. Ele encostou, mas não passou. Apertei também o ritmo, entrei na mesma balada, ele forçou e eu respondi, cumprimentei, comentamos as maratonas sul-africanas, mas comecei a perceber que não ia dar para manter: minha pulsação passava dos 172, quando ao longo de toda a prova tinha ficado abaixo dos 150...

Azar, vou com ele até aqueles dois da frente, disse a mim mesmo. Passamos os caras e ele se foi, eu alguns metros atrás, já chegando à parte mais próxima da cidadela, uns duzentos metros antes da entrada.

Quando cruzo o portal, gritando pela Eleonora, recebendo seus sorrisos e beijos, o cara está parado no posto de água. Passo por ele de novo, agora para valer. Vou voltar à muralha, minha prova vai começar de verdade. Mas foi para isso que eu tinha treinado.

Depois de vários anos correndo com orientação de técnicos especialistas, resolvi apostar na minha pequena experiência e nas leituras para montar meu próprio plano de vôo para enfrentar a Grande Muralha.

Montei uma planilha de vinte semanas respeitando alguns princípios: intercalar treinos fortes e fracos, não aumentar a quilometragem semanal mais do que 10% de cada vez, incluir semanas fracas, de menor quilometragem, a intervalos definidos.

Nos primeiros projetos, coloquei pelo menos um dia por semana de treino de velocidade, mas acabei desistindo depois de várias dicas recebidas. Pois, apesar de ser o responsável pelo meu treino, ouvi sugestões de especialistas da área médica e da área técnica.

O coração de minha preparação foram os longões — cheguei a fazer uma corrida num montanhoso circuito no interior paulista, a Maratona das Águas, que se auto-intitula "a maratona mais difícil do Brasil". A partir de março, começaram os treinos em escadaria. Vários deles foram muito bacanas e merecem registro.

O mais animal foi um treino de quase quatro horas, em que fui de casa, no Sumaré, até o pico do Jaraguá, a 21 quilômetros de distância. Um trajeto perigoso, que incluía uma trecho na auto-estrada Anhangüera. Eu nem via os carros, só ouvia o zunidos deles. Quando passavam por mim, percebia o perigo em que estava metido. Pior ainda eram as motos, que roncavam forte ao lado e pareciam estar excessivamente perto. Enfim, um treino pouco recomendável, ainda mais para quem tem mulher e filhos.

Com susto ou não, cheguei ao Jaraguá, subi o morrão e, lá no alto, fiz cinco vezes o sobe-e-desce das escadarias que levam à torre e ao mirante. No total, foram 2.500 degraus.

No último treino de escadarias, um mês antes da prova, fiz seis mil degraus, em escadarias nas ruas da zona oeste de São Paulo. Intercalava subidas a passo, de dois em dois, de um em um correndo, combinando as várias modalidades e, finalmente, no pau total. Entre as escadarias, rodava em planos, subidas e descidas por uns quarenta minutos de cada vez. A idéia era sempre pegar a parte mais difícil depois de já estar rodando há horas e bastante cansado.

Afinal, era o que iria ocorrer na prova de verdade, a partir do km 34.

É lá que estou agora. Entro de volta na cidadela escura, para o lance íngreme de escadas que vai me levar ao topo dos muros da cidadela e ao caminho de retorno à muralha. Antes, saúdo aos gritos três mexicanos que havia conhecido na viagem de inspeção. Eles foram rápidos maratonistas havia uns 15 anos, com tempos abaixo de 2h20, mas agora ficaram só na meia maratona e ainda tiveram de descansar bastante — brinquei com eles, provocando seus brios.

No alto da cidadela, confiro se ainda estou inteiro, tento lembrar como foi a descida, pois agora virá o caminho inverso. E chego a me entusiasmar, sentindo que estou controlando meu desempenho, que as mais de cinco horas de prova (5h06 quando pisei na escada de acesso à cidadela e voltei à muralha) pareciam não cobrar nada do corpo — estava muito melhor que no desastre de Paraisópolis (interior de São Paulo), quando quase desistira da prova por falta de água, melhor que na maldita umidade de Paraty (Rio de Janeiro), corrida que enfrentara durante os treinos para minha primeira ultramaratona.

Lembrei o bom exemplo de minha participação nas Dez Milhas Garoto, em Vitória, talvez a corrida em que melhor controlara meu ritmo, vindo sempre num crescendo para terminar em alta velocidade — pelo menos, para meus termos.

Mas chega de lembranças! Voltei minha cabeça para Eleonora, imaginei que agora também ela voltaria para o lado do rio onde a avistara na descida. Tratei de procurá-la numa curva, só ouvi seu grito me chamando, e aos berros saí enfim da cidadela e me agarrei à montanha.

Tudo que descera seria agora subido. Os degraus escavados na rocha eram pequenas escaladas. Em um passo, a perna subia quarenta centímetros, cinqüenta noutro. Era trepar, parar, olhar o desafio seguinte e erguer de novo a perna. O quadríceps berrava a cada passo, exigindo novo descanso. O que o corpo pedia, eu dava. Mas não parava nem baixava a cabeça e me agradeci pelos treinos doidos que montara nas últimas semanas antes da prova, em São Paulo.

Claro que nenhum treino conseguiria reproduzir o grau de dificuldade que o verdadeiro dragão milenar apresentava, mas, pelo menos, o corpo e o cérebro aprenderam que, depois de muito cansados, aí é que começava o desafio. Em todos os treinos e durante a corrida, quando em algum momento podia afrouxar, lembrava que a verdadeira maratona começava no km 34, no instante em que eu pusesse o pé na escada escura, no torreão de saída da praça e de acesso à Grande Muralha da China, em Huangyaguan.

De fato, ali morava o perigo. Um casal que entrou na montanha logo depois de mim passou, mas não conseguiu seguir. Mais um lance, e o cara ficou. A garota, mais forte e alguns metros acima, incentivava com voz açucarada: "Come on, baby, you can do it." Pensei que gostaria de nunca precisar ouvir uma frase assim, mas que, se alguma vez ficasse em situação que exigisse o apoio, gostaria de ter minha mulher ao lado me garantindo que eu conseguiria...

Melosidades à parte, passei deles, seguindo pela terra escorregadia, circulando o morro em verdadeira escalada, subindo cinco, seis, dez metros e avançando meros metro e meio, dois metros.

Numa parada, encontrei outra colega do nosso ônibus, uma australiana que deve ter chegado ali muito antes de mim, mas que agora estava aos pedaços. Conversamos um pouco, subimos juntos alguns metros, ela ficou.

O casal voltou a me passar, eu emparelhei, seguimos em fila indiana. Nem acreditei quando vi, metros acima, um pano vermelho. Era o biombo do banheiro fedido, indicava que o trecho da escalada da montanha estava por terminar. Agora viria a muralha propriamente dita.

O que não era nenhum refresco, mas, pelo menos, tinha um pouco menos de selvageria do que aquela trilha pedregulhosa. A gente podia ver outros corredores, dava para parar, descansar. Vários sentavam nos degraus, em que camelôs aproveitavam para oferecer frutas da região, principalmente uma espécie de pêra, muito branca, mas sem gosto, segundo me disseram (eu fiquei só na água e no gel, como sempre nas maratonas e apesar da curiosidade).

Agora o esforço compensava mais. Sofria, mais ia à frente. Via cada lance de escadas, para cima ou para baixo, como uma corrida em si mesmo. Conforme o tamanho do bicho, estabelecia ritmo: vou subir 30 degraus e parar, vou descansar a cada 50.

Num torreão, sou saudado pela guia chinesa que nos acompanhou no ônibus, na viagem desde Pequim; em outro, um chinês da região sugere que eu aproveite a sombra para descansar sentado. Apenas paro, e ele logo me apresenta um caderno cheio de fotos de garotas. Ele aponta as imagens coladas, faz sinal de dinheiro, eu agradeço e sigo.

De novo o tal casal passa por mim, parecem estar melhor. A garota segue rápido, o cara se arrasta atrás. Dois lances mais tarde, eles param, sentam, vão comer. Mais ou menos por aí, vejo outro colega de ônibus, um sujeito mais novo, veterano da Comrades, que está ali prostrado, a cabeça entre as pernas, e conta que quase vomitou. Disse que não precisava de ajuda, que tinha forçado muito — mais tarde ele iria me contar que fez a primeira etapa da muralha em cerca de apenas vinte minutos, saindo da muralha quarenta minutos antes que eu aportasse por lá. Mas não levou glicose e a muralha cobrou seu preço.

Desejei boa sorte e segui, para logo ser ultrapassado de novo pelo tal casal, assim como por uma moça de blusa listrada que também foi adversária em alguns momentos, quando no plano. A essa altura, já víamos a saída da muralha, eu queria acreditar que voltaria a encontrar os que me ultrapassavam quando fosse a descida do morro.

Passando os últimos degraus, agora já no terreno reformado com os tais tijolos cinzentos, mais uma escada escura, dentro de uma guarita e, finalmente, a rampa final. Saio da muralha com pouco menos de seis horas e vinte minutos de prova. Agora, sim, é só lomba abaixo.

Ainda consigo ver a guria de blusa listrada e aponto nela para crescer o ritmo. Pela frente, quatro quilômetros e meio de descida e mais 800 metros de plano e a praça e o beijo da Eleonora.

Os batimentos sobem, aperto o ritmo, em quinhentos metros deixo para trás meu coelho, já vejo um sujeito todo de branco que passa a ser meu próximo alvo, os marcos dos quilômetros demoram a chegar, mas eu sinto que vai dar para terminar muito antes das oito horas, talvez sub-7.

Isso me tranqüiliza e, depois de suplantar o cara de branco, dou uma relaxada, vem uma vontade de largar de mão, voltar às passadas tranqüilas dos meados da corrida. Afinal, para que se cansar mais?

Mas agora é final, falta pouco e o tal casal não apareceu ainda, será que esses vão ficar mesmo na minha frente? Serpenteando morro abaixo, esqueço cenário, nem dou bola, sinto como se fosse um corredor rápido mesmo, competindo pelos primeiros lugares, concentrando em forçar o corpo a correr.

Embalado, em outra curva vejo o rapaz do casal se levantando, a garota um pouco mais à frente, perguntando se ele vai seguir ou não, agora passo mesmo, vai ser definitivo.

Só ouço minhas batidas no asfalto, dou até uma aliviada, mas, de repente, outras passadas batem forte no chão, é a garota que vem descendo feito um trem, emparelha comigo, mas eu só a vejo com o rabo do olho. Acelero também, ela não consegue passar. Mais um tantinho de ritmo e fico meio corpo à frente, ela vem de novo, não sei se o cara também está junto.

Estou correndo bem, não forte, mas em ritmo mais acelerado, o suficiente para me manter um tantinho na frente dela e para ter força de responder se ela tentar mesmo passar, imagino. Só que ela emparelha de novo, eu meio que perco a pressão, parece que ela vai mesmo embora, então devolvo, sigo e abro a passada, me distancio dela, na curva seguinte já não escuto mais nenhum dos dois e ainda vejo mais uns tantos caminhando mais para frente. Quem sabe dá...

No pé do morro, km 41 e mais um tantinho, o segundo e último tapete para conferir o chip (pena que, nos resultados, não divulgaram os tempos parciais). Penso que falta menos de um quilômetro e os tais metros que matam.

Acelerar mais, não vou, só na chegada. Mesmo assim, com o ritmo em que estou, ainda alcanço um ou outro retardatário e chego a colocar como alvo dois sujeitos que estão uns duzentos metros à frente.

Começo a correr, mas vejo que vai ser um esforço inútil. Recolho os alfes, como se dizia no tempo em que o Ortunho era lateral-esquerdo do Grêmio, e guardo o fôlego para a entrada da cidade.

Vindos não sei de onde, uns três corredores mais jovens, que eu não tinha visto antes, passam por mim de passagem, nem chance tenho de tentar responder, é só aceitar filosoficamente e esquecer, porque agora, sim, vou correr mesmo.

Entro gritando na cidadela, "Brasil!", "Brasil!", berro meu amor pela Eleonora e, quando vejo a faixa da chegada, abro as asas para fazer um aviãozinho. Só então vejo mesmo Eleonora, ela está na minha frente, do outro lado da linha de chegada, fotografando sem parar. A máquina não lhe sai do rosto, mas eu vou chegando, vou chegando de bicoca pronta, tiro-lhe a câmera e pego meu beijo. Tinha corrido 6h54min02 para ganhá-lo. Merecia. Nas arquibancadas, o que resta de público ri e aplaude. É festa na praça Yin Yang.

Descobertas nas trilhas

Six Foot Track Marathon
Katoomba (Blue Montains), Austrália

12 de março de 2005

Parei. Depois de quase 30 quilômetros de barro, poeira, descidas íngremes e escorregadias, solaço e subidas enormes, correndo e caminhando, sorrindo e bufando, tinha chegado a um dos pontos mais altos do percurso, o primeiro de onde divisava os vales e montanhas que nos cercavam. Era hora de bater uma fotografia.

Estava na Six Foot Track Marathon, a maior e mais importante prova fora de estrada da Austrália, de onde sai o campeão nacional de ultramaratona cross country. Ela é disputada em uma trilha aberta há quase 200 anos pelos primeiros europeus que chegaram à região de Katoomba – Montanhas Azuis –, que hoje é um dos mais atraentes destinos turísticos do país, com seus cânions monumentais, suas esculturas talhadas na rocha pelo vento dos séculos e suas cavernas gigantescas, que já foram até palco de concerto sinfônico.

Às 8h05 do dia 12 de março, soou o tiro para a largada da segunda leva de corredores que desafiariam os 45 quilômetros de mato e morro. Por alguma razão que até hoje não entendo – talvez por ser o primeiro brasileiro a aportar na corrida –, eu estava nessa turma, formada basicamente por atletas que já tinham enfrentado a prova – a primeira leva, que partira às 8h, foi a da elite. E ainda me perfilara com o peito na fita – imaginária, pois a única marcação do local da saída era uma faixa vermelha acima de nossas cabeças.

Depois do estouro da boiada, num mato cerrado no parque nacional Blue Mountains, logo os corredores foram se enfileirando, pois poucos metros à frente a trilha se afunilava e a turma de números vermelhos — a elite tinha número amarelo, e a última leva, azul — tinha de refrear seu ímpeto.

Não apenas o caminho era estreito e complicado: virava uma escadaria de verdade, cortada na montanha. Os degraus, de tamanho, altura e inclinação diferentes, eram sustentados por pedaços de tronco. Ao longo de dois quilômetros, iríamos descer mais de 400 metros pela escadaria Nellies Glen, um percurso extremamente perigoso — na saída, o diretor da prova avisou que, a cada ano, alguém cai por ali, e a corrida acaba para alguns em braço quebrado, tornozelo torcido ou escoriações sanguinolentas.

Fiquei na minha e logo estava entre os últimos "vermelhinhos" — atrás de mim, duas senhoras que também não conheciam o percurso. "Vamos te seguir", elas diziam, enquanto eu procurava algum terreno mais seguro para colocar o pé, pois a terra estava escorregadia, embarrada, tudo molhado pelas vertentes que nasciam na montanha, tudo úmido porque o sol não passava pela cobertura das árvores.

Foi um alívio quando, enfim, terminaram os degraus. Mas não dava para se alegrar muito, pois a trilha continuava pela umidade e escuridão da floresta. Agora, porém, o terreno era um pouco mais livre, dava para enxergar melhor o chão e aproveitar a inclinação do terreno para desenvolver um pouco mais de velocidade.

Até ali havia sido um exercício de paciência. Não acreditei quando vi uma placa de 2 km e conferi meu cronômetro: 28 minutos. Os comentários de outros estreantes confirmaram: "Esse deve ser o mais lento início de maratona do mundo", disse alguém. Não só o início é vagaroso: o recorde da prova é 3h24min44, o que dá bem a idéia do grau de dificuldade (em uma maratona comum, mesmo difícil e sem atletas de elite, os vencedores fazem entre 2h15min e 2h25min).

Fiquei um pouco preocupado com a extrema lentidão porque essa prova, além de ter limite de tempo para ser completada, tem tempos de corte por volta do km 15 e entre os km 25 e 30. Eu não só nunca tinha corrido uma ultratrilheira como também pela primeira vez enfrentava o risco de não levar medalha, mesmo chegando ao final.

Mas logo vi que o primeiro desafio de tempo não deveria ser problema. Depois do pesadelo nas escadas, estávamos em campo aberto — o que também significava sol na cabeça. Na descrição do percurso apresentada no site, dizem que esse é o momento de aproveitar a vista em volta, vislumbrar montanhas ao longe e mais poesia. Talvez exista tudo isso mesmo, mas eu só via o chão, preocupado em não torcer o pé nem escorregar enquanto ia, aos poucos, melhorando minha média.

Apesar de a trilha estar no tal parque nacional, essa área de planície é toda picotada por propriedades privadas, devidamente demarcadas por uma série de cercas. Nos pontos em que o arame corta a trilha, a organização colocou pequenas escadas de campanha, de três ou quatro degraus. Era estranho: aquele monte de gente correndo o que dava na trilha para chegar à cerca. Daí, cada um entra na fila, sobe três degraus, desce três degraus e toca a correr. Mais à frente, a coisa se repete.

Outra barreira são os riachos que cortam o percurso. Corredores mais afoitos e experientes mandam ver, nem reduzem o ritmo. A turma que eu tento acompanhar é mais cuidadosa: procuramos pedras maiores e conseguimos cruzar as águas sem grandes problemas.

Todo esse percurso é num sobe-e-desce que, pelo menos nessa área, é mais desce do que sobe. Eu procuro lembrar-me do mapa e da descrição que li e reli não sei quantas vezes, mas só me vem à cabeça a altimetria geral: um tantão morro abaixo, um tanto morro acima bem puxado, mais um tantão morrão acima e o final morro abaixo. E, mais uma vez, eu me lembro de que a terra nua e crua é sempre pior do que a descrição que fazem dela.

Chega a primeira grande subida, depois dos campos verdes, e começa a caminhada. Guardar forças para o que virá depois é a ordem. Já saímos do campo aberto, mas as árvores em volta da trilha não conseguem nos proteger do sol.

No topo do morrinho, ainda busco alguma paisagem, mas só vejo mesmo a trilha, que agora despenca perigosa em direção a um rio que teremos de cruzar. De novo vou pé ante pé, às vezes resvalo, mas não caio – se cair, o destino é um precipício ao lado da trilha, o único terreno mais seguro na área.

Inteiro, me aproximo do que imagino ser o ponto mais baixo do percurso, a beira do rio Coxs, e já vejo dois corredores se metendo na água até a barriga e seguindo direto sem ligar para nada. Desde dois meses antes eu pensava nessa travessia: devia tirar os tênis e carregá-los na mãos ou seguir com tudo molhado mesmo?

Decidira, na semana anterior à prova, que iria cruzar o rio de qualquer jeito. Mas, na hora, vi que um grupo saía pelo lado e se equilibrava em pedras. O risco era escorregar, molhar-se e ainda perder tempo. Mas resolvi que era melhor fazer isso.

Deu certo. Do outro lado do rio, um monte de gente nos saudava. Os tapetes apitavam à passagem dos corredores com chips, agentes da organização "cantavam" os números. Cruzara o primeiro desafio com mais de 20 minutos de vantagem.

Fiquei satisfeito, mas também perturbado por dúvidas e medos. Será que não tinha ido além do que deveria? Afinal, até ali eu me mantivera dentro da turma dos "vermelhinhos" — sempre entre os últimos, é certo, mas fazendo um esforço considerável e vendo meu freqüencímetro marcar sempre acima dos 160 batimentos por minuto, quando eu preferiria ficar, nessa primeira etapa, abaixo dos 150 bpm. Ao mesmo tempo, temia não alcançar os tempos de corte se reduzisse o ritmo para chegar à freqüência desejada.

Tais dúvidas teria de resolver por mim mesmo. Nem conversas para reduzir a tensão, como costuma acontecer em provas longas, havia. Além de o percurso exigir atenção quase total, o perfil dos corredores ali me pareceu diferente do que havia conhecido em outras provas. Mesmo o povo cá de trás, com ritmo semelhante ao meu ou pouca coisa melhor, parecia excessivamente ensimesmado. Mal se cumprimentavam: seguiam o ritmo batido, às vezes até forçando passagens em trechos onde o mais seguro seria a fila indiana.

Depois de umas duas horas de prova, comecei a ser alcançado pelos primeiros corredores da terceira leva, que estavam mais enfezados ainda. Só ouvia "on your right, on your right" dos caras, avisando que iam me passar pela direita e que era para eu dar um jeito de abrir espaço, mesmo em lugares mais complicados.

A complicação, após cruzar o rio, passou a ser diferente. A trilha já não era tão estreita e logo iria virar estrada mesmo, ainda que ruim — muito de vez em quando, passava por nós um ou outro 4x4. E logo iria subir, subir, subir. E o dia esquentava, esquentava, esquentava.

Procurava marcar um ou outro corredor para ter como objetivo na subida. Alcancei alguns que tinham sido mais rápidos, passei. Um senhor bem mais velho puxou conversa, enfim, apenas para recomendar cuidado. Ele praticamente só caminhava nas subidas, mas mantinha sempre o mesmo ritmo.

No meu trotinho, segui um pouco, depois passei a caminhar. Aproveitava as mínimas mudanças da geografia: se parecia descida, trotava leve; se parecia subida, era de novo no passo.

E não adiantava procurar paisagem: o bosque em volta da estradinha não permitia muita visão ou eu nem tinha muito ânimo para explorar o terreno. Ainda bem que, no dia anterior, depois de pegar meu número e chip, havia feito uma incursão turística até as Three Sisters, uma impressionante formação rochosa em meio a cânions monumentais. As Três Irmãs são pedras enormes, equilibradas na borda de um precipício, esculpidas pelo tempo num formato que lembra três figuras humanas alinhadas.

Conta uma lenda dos aborígenes australianos que, na Era dos Sonhos, viviam na região três irmãs, Meenhi, Wimlah e Gunedoo. Elas moravam com seu pai, Tyawan, em paz e liberdade, temendo apenas o monstro Bunyip, que habitava uma caverna. Para proteger as filhas, Tyawan colocou-as no alto de uma montanha. Mas lá, uma delas se assustou com uma centopéia e jogou uma pedra no bichinho. Não só errou o alvo como também a pedra caiu lá no vale, fez um barulhão e acordou o monstro. Cheio de raiva, Bunyip foi atrás das moças. Ouvindo os gritos das filhas, Tyawan percebeu o drama e apontou para elas seu osso mágico, transformando-as em rochas para evitar que fossem atacadas. Com isso, ele mesmo passou a ser o alvo do monstro. Para escapar, transformou-se em um pássaro. Mas, na confusão, deixou cair seu osso mágico, e nunca mais a família voltou à forma humana. O canto do pássaro em busca do osso mágico ainda hoje se ouve nas Blue Montains.

Mas isso foi na Era dos Sonhos. Aqui, na trilha, já não ouvia passarinho nenhum nem via beleza em muita coisa. Estava irritado com a secura dos colegas, dolorido com os vales abaixo e montanhas acima, humilhado por caminhar cada vez mais, mesmo tendo percorrido uma distância ridícula: os demônios do desânimo começaram a me assombrar lá pelos 20 quilômetros, um estirão que costumo fazer cantando, que serve apenas de aquecimento para meus longões em São Paulo.

E começo a sofrer dores desconhecidas. Troto numa descidinha e sinto o ombro, o pescoço — talvez conseqüência de, lá naquela primeira descida, ter tentado equilibrar o corpo usando muito os braços, "elevando" o corpo pela cabeça, em vez de me apoiar na força do abdômen, como sempre ensinam os fisioterapeutas. Subo uma rampa mais forte e agora a dor é na bunda, no posterior da coxa. Parece sortilégio, mas também me pergunto se não estou exagerando nas dores, talvez preparando o espírito para justificar um fracasso no tempo ou coisa ainda pior.

Brigo comigo. Lembro-me de uma entrevista que fiz com Valmir Nunes, o maior ultramaratonista brasileiro na atualidade. Comentando a vontade de parar, de abandonar provas depois de 15 ou 20 horas corridas, ele dizia que procurava resistir pensando que a dor depois da parada, a dor do desencanto e a tristeza dos apoiadores e da família eram piores do que o penar na pista. Era melhor seguir do que sofrer depois. Mas mesmo ele, assim como Vanderlei, o herói olímpico, tivera de desistir em algum momento da carreira.

Caminho e analiso as dores. Não são nada de mais, não servem para derrubar ninguém, mas minam as forças. Não tinha câimbras, nem doíam os joelhos. As dores incomodavam, mas, naquele momento, não impediam a corrida.

Num trecho estou solitário, depois de uma curva vejo alguns à frente; quando a montanha é íngreme demais, faço parte de um pequeno grupo, que logo se desfaz de acordo com a condição de cada um. Nessa balada alcanço o km 25, bem perto de mais um ponto de checagem, que passo com mais de dez minutos de folga.

É uma satisfação continuar razoavelmente acima dos tempos de corte, mas a conquista é empanada por outros números: levei pouquinho mais de quatro horas para fazer 25 quilômetros. Três semanas antes, a mesma distância me tomara menos de três horas durante o forte calor e a falta de água da Supermaratona de Rio Grande, 50 quilômetros que fiz em 6h15. Agora, porém, tinha de pensar no futuro imediato, nos quilômetros que faltavam. Apesar das dores e do desânimo, a situação não era de todo desesperadora: tinha enormes três horas para completar meros vintinhos — só ganharia medalha quem completasse a prova em até sete horas.

Para ficar tudo ainda melhor, no mapa da prova que estava na minha cabeça, eu estava chegando perto do ponto mais alto do percurso. Só via subida na minha frente, mas sempre pensava que estava para terminar. A única fonte de informação era a própria inclinação da montanha, o ângulo que o percurso tomava ou que parecia tomar — só quem corre em montanhas sabe o quanto tais impressões podem ser enganadoras.

Mas, para mim, era tudo verdade. Tanto que me alegrei como nunca quando, depois de uma curva mais forte e angulosa, vi à minha frente uma rampa mais forte e, lá no alto, o céu, enfim, entre as árvores. Chegar até lá passou a ser meu objetivo, pois poderia afinal apreciar a paisagem.

Caminhei mais forte (só nas passadas, o coração velho passava de 165 bpm), reduzi, trotei, os metros da rampa pareciam quilômetros, mas conquistei aquele morrinho, me vi de rei da montanha, bebi o horizonte nos olhos, engoli vales e florestas. E ainda tive a sorte de haver ali um dos voluntários que acompanhava a prova, que bateu a única foto em que apareço na corrida.

Ele ainda me diz que o morro não termina ali, mas falta pouco. Aquilo foi mais uma ducha de água fria do que um incentivo, mas tratei de seguir até o posto de hidratação que ficava uns 500 metros acima.

Dei uma descansada para beber e aproveitei para reafirmar minha confiança no restante do percurso. "Agora é só morro abaixo, não?", perguntei. "Olha, tem algumas descidas, mas são mais subidas, é basicamente subida", me desencanta o sujeito da mesa. A informação não bate com minhas recordações da altimetria, que obviamente estão erradas, mas me recuso a dar o braço a torcer e resolvo seguir, confiante na minha tática de caminhadas e trotes.

Na verdade, é praticamente só passo. Desço uma rampa trotando, mas desconfio que, se caminhar, vou fazer tudo mais rápido. Também não funciona, mas o trote é tão lento que fica mais desestimulador que a caminhada.

Não posso parar, porque daí não sei se continuo. Voltam as dores, mas estou cada vez mais convencido de que posso superá-las, ao mesmo tempo que temo o monstro que elas poderão virar mais tarde ou no dia seguinte. O que importa mesmo é o cansaço, a musculatura pedindo água. E, mais que o cansaço, o desânimo.

Passa por mim um carro levando corredores que desistiram. Ainda vejo o rosto de um, triste, mas aliviado na interpretação que faço.

Por incrível que pareça, de novo não estou sozinho. Mesmo no meu ritmo maldito, alcanço ou chego perto de outros corredores. Passo por um "vermelhinho" bem mais jovem, que está sentado no chão, atirado. Calculo que ele será passageiro de um próximo carro.

Vou deixando para trás aqueles que antes foram mais rápidos, mas isso não me refresca em nada. Depois de algumas centenas de metros novamente solitário, no meio do nada, começo a me xingar por não ter ficado no posto anterior.

Emparelha comigo um sujeito mais jovem e, para surpresa minha, começa a conversar. Não é uma boa: ele é o sujeito que corre no ritmo para terminar nas sete horas. O marcador do ritmo final e definitivo até me incentiva, diz que tinha me visto antes, que eu estava bem... Diz que ele provavelmente está ainda uns dois minutos à frente do tempo e que, se eu fizesse um esforço, talvez desse para compensar.

O que ele sabe? Dou um sorriso amarelo e resolvo tentar. Troto com ele, caminho mais rápido, troto mais uns metros, mas caio de novo para a passada lenta, ele aos poucos vai passando, logo desaparece na trilha, na curva, na floresta, e eu, de novo, fico sozinho comigo mesmo.

Volto a pensar nas palavras de Valmir Nunes sobre a dor de desistir, mas também relembro a cena do herói olímpico Vanderlei Cordeiro de Lima abandonado, alquebrado e dolorido, a maratona do lago Biwa, no Japão, que vira pela TV na madrugada anterior à viagem para a Austrália. Vejo Eleonora, que me espera no final da prova, nas cavernas Jenolan, uma maravilha que planejáramos explorar juntos, e também recordo os pedidos/advertências de minha filha mais velha, para largar a prova antes de me machucar.

Calculo, peso, sonho com o pesadelo de não terminar a prova me assombrando o resto da vida. Mas já não apenas me falta ânimo, simplesmente não tenho vontade de prosseguir. Cada vez mais, começo a pensar que não vale a pena, que quanto antes terminar menor será meu prejuízo e mais rapidamente irei encontrar Eleonora e começar passeios, entrar em nova etapa da viagem.

Nada é tão fácil assim. O próximo posto parece ficar mais longe a cada passo que dou. Quando tento um trote, fico até com raiva de mim. Mas vem ainda outra rampa e, depois da curva, vejo a mesa farta, repleta de copos de água e ainda com pratos de fruta e garrafas de refrigerante.

Hesito, mas paro o cronômetro e vou comer.

Depois de cinco horas e 15 minutos só com água e carboidrato em gel — nada de mais, pois já fiz provas de sete horas —, as fatias de melancia e os pedaços de banana são um manjar dos deuses, o adocicado do refrigerante sem gás e sem gelo é néctar refrescante, e sentar numa cadeira de plástico quase desmilingüida é um prazer inenarrável.

Os minutos passam, eu vou me recuperando. Será que não dá mesmo?

Olho em volta e percebo que o posto virou uma verdadeira sala de emergência de pronto-socorro. Sob uma árvore, duas mulheres do Corpo de Bombeiros abanam papéis para refrescar uma corredora que está estendida no chão. Mais ao lado, outros membros do Corpo de Bombeiros ajudam um homem também prostrado. Aliás, os bombeiros sempre foram maioria nas equipes dos postos de apoio — a prova arrecada fundos para a instituição.

Quando alguém pergunta, digo que não preciso de ajuda e fico acompanhando o atendimento e comendo um pouco mais, olhando a trilha que segue e pensando se, afinal, irei com ela.

Caminho por ali, sinto-me melhor, parece que a dor nas pernas se foi, chego de volta ao percurso da Six Foot Track Marathon, até ligo de novo o cronômetro, mas paro em seguida. Um casal bem jovem se aproxima, os dois pegam algumas frutas e seguem, enquanto eu penso que, afinal, não estava em último lugar.

Incalculáveis minutos depois, aportam duas figuras sombrias. São os "varredores" do percurso, corredores superexperientes que fecham o cortejo dos atletas. Quem eles alcançarem deve negociar, acelerar ou desistir e oficialmente cair fora da prova.

É uma cerimônia acachapante, lembra as cenas de militares e nobres perdendo os galões, tão presentes em filmes antigos. Tiro o chip do tornozelo, solto do peito o número, e um deles guarda tudo, dobrado, amassado, numa bolsinha que carrega na cintura e que já está gorda de tanto papel.

Caio fora, vou para o mato, a cabeça pesa e os olhos doem, mas não adianta chorar. Volto, sento naquela cadeira sensacional, aguardo a hora em que alguém vai me levar ao encontro de Eleonora.

De vez em quando, alguém vem me avisar que logo vão ver meu caso, mas obviamente as emergências vêm em primeiro lugar. Chega um carro com mais um corredor que passou mal, está deitado na "cachorreira" respirando com dificuldade, soprando num saco de papel. Um bombeiro diz que é para eu entrar no carro, que vai nos levar até Jenolan Caves.

Sento e fico acompanhando o sofrimento do sujeito. Entra no carro um médico que veio com a ambulância, todo engomadinho e uniformizado, começa a fazer perguntas para o doente. "Você está bem? Sabe que dia é hoje? Sabe onde está? Consegue me ouvir?" Difícil não rir por dentro, lembrando as cenas do seriado médico *ER*. Mas dá vontade de chutar o cara.

De qualquer forma, o médico emergencial e o doente chegam a um acordo: o cara, que diz que consegue se mover sozinho, será atendido ali mesmo, mas fora do carro. O médico sai, satisfeito da vida, eu também libero o caminho, o cara começa a se arrastar para fora.

Quando consegue encostar o braço na porta, tem uns soluços e bota para fora um líquido horrível. Dois ou três bombeiros se atiram para ele, evitam que se esborrache no chão e logo o ajeitam num cobertor e improvisam uma tenda. O médico engomadinho providencia seringas, rapidamente o cara recebe soro.

A emergência ali parece contida. O médico vai até a mulher que estava estendida e também lhe aplica uma injeção e depois ajeita o equipamento para dar-lhe soro.

Pelo jeito, o terceiro também vai precisar de soro e remédios. O médico pede um barbeador, raspa o braço do cara e, quando está colocando a agulha na veia, dá um salto e começa a pisotear o cobertor, quase acerta o braço do coitado do corredor caído. Era uma cobra, que tinha saído de baixo do cobertor, agora cheio de pó e barro. Nova operação de limpeza para finalmente iniciar o atendimento ao sujeito.

Todos devidamente atendidos, cada um com uns três ou quatro bombeiros e paramédicos em volta, tenho a impressão de que a coisa vai serenar. Mesmo assim, nem me arrisco a pedir para partir, mas de vez em quando um deles vem me avisar que não se esqueceram de mim, que logo vai aparecer outro carro e vão me levar embora.

O outro carro que chega é mais uma ambulância, e toda a equipe soma-se ao pessoal de atendimento. A situação dos caras é mais grave do que eles esperavam, o atendimento emergencial parece não estar dando o resultado esperado.

A essa altura já se passaram mais de 90 minutos da hora em que parei, está prestes a se esgotar o tempo oficial da prova. Eu só penso na Eleonora, que provavelmente vai começar a se preocupar seriamente dali a alguns minutos. Percebendo que a situação ali ainda vai demorar para se resolver, peço a um dos bombeiros que mande um rádio para o pessoal que está na chegada, para que avisem a Eleonora que eu estou bem.

Passo a mensagem para o bombeiro, explico direitinho o que quero que digam, ele a repassa para a moça do outro lado, e eu ainda ouço, pelo rádio, o início do chamado que ela faz.

Confusão na área: todo mundo vai se encaminhando para os carros, grupos colocam os doentes em macas e os encaminham para as ambulâncias, parece que vamos, enfim, levantar acampamento.

Mas não para ir embora de vez. Um dos doentes precisa de atendimento hospitalar imediato e será levado de helicóptero para o hospital mais próximo. Todos precisamos nos deslocar para uma clareira onde o *chopper* possa descer. Mais carros são chamados para fechar as estradas próximas ao local de pouso.

Até a clareira são uns oito ou nove quilômetros, percorridos em quase 20 minutos. Fico analisando o percurso, vendo que não iria dar mesmo, mas também pensando que talvez desse, se...

Na clareira, ficam apenas três grupos: os que atendem os doentes, os que cuidam do preparo do local do pouso, e eu com outros dois corredores desistentes. Um deles ainda está com os alfinetes na camiseta, deve ter arrancado o número, rasgado o papel, raivoso.

Parece óbvio que há mais carros e bombeiros do que o necessário, alguns ficam de lado sem fazer nada, e a gente vai lá para tentar ver se livram o nosso lado. Que nada! Qualquer coisa só será feita depois de o helicóptero chegar e carregar o doente.

Aproveito para conhecer os colegas frustrados. Um deles mora no noroeste do país, já tinha completado a prova uma vez, mas agora não conseguiu cumprir a meta de tempo, derrubado pelo calor. O outro é um sul-africano que mora em Sydney. Estreava na prova, mas tinha larga bagagem de ultras – enfrentara os quase noventa quilômetros da Comrades duas vezes (uma sem sucesso) e era dono de um número azul, prerrogativa dos que completam os 56 quilômetros de morros da Two Oceans Marathon em dez ocasiões (apesar de toda a sua experiência, ele não conseguira concluir uma décima primeira tentativa).

As histórias de combate me consolam um pouco, pois vejo que corredores melhores do que eu, mais experientes, mais rápidos e mais bem preparados também podem sucumbir. É um alívio meio doido, que dá até uma certa vergonha.

Mas nada alivia o tempo de espera. O helicóptero chega, mais uma confusão para escolher quem vai, pois parece que pelo menos dois precisam de trato mais urgente, e há só uma vaga na aeronave.

Quando tudo serena, enfim, tentamos ir em grupo resolver nossa situação. O que se segue é uma comédia de erros, que nos vai desesperando mais ainda.

Dizem que não podem levar-nos para a chegada, mas que os ônibus trarão os pertences do sul-africano e que Eleonora será avisada e será colocada em um ônibus e que nos encontraremos em Katoomba. Quanto à mulher do australiano, vão tentar avisá-la, mas está difícil.

A solução não serve, reclamamos de um lado, tento falar eu mesmo pelo rádio, eles não permitem. Insisto para saber se avisaram Eleonora, digo que só saio de lá depois de a gente se encontrar e por aí vai.

Eu estava a ponto de explodir, assim como os outros corredores. Apenas um carro tinha ficado com a gente, e estava claro que os bombeiros não iriam fazer nada. "Não vamos abandonar vocês aqui", diziam.

De repente, chega um carro com um oficial, que sai carregando um saco plástico. São as roupas do sul-africano, o que deixa todo mundo mais furioso: se os caras conseguiram achar as roupas do sujeito e levar até aquele fim de mundo, numa beira de estrada entre o nada e o lugar nenhum, por que não trouxeram também a Eleonora e a mulher do outro sujeito? Ou por que simplesmente não nos levavam até o ponto final?

"O trânsito está impossível" era a resposta impassível, enquanto eles tentavam combinar um jeito de algum dos ônibus que levaria os corredores de volta para Katoomba parar naquele ponto e nos pegar.

Mas isso não me servia. O ônibus deveria trazer Eleonora, o motorista deveria saber onde tinha de parar e os bombeiros que estavam conosco deveriam saber qual era o ônibus certo.

Parece óbvio, mas vá você explicar isso para aquele povo que só pensa por regras e regulamentos, obedece a procedimentos precisos e passa por rádio orientações que se perdem no éter.

Enfim, depois das 17h30, mais de quatro horas depois de eu ter desistido da prova, mais de duas horas depois das festas de premiação e da partida do helicóptero, passa um ônibus com corredores, vai parando no ponto em que estamos e, bumba, acelera e se manda.

Raiva, gritos, pulos. Até que o bombeiro esclarece por rádio que aquele não era o tal; que o nosso ônibus, trazendo Eleonora, sairia do local em minutos e estaria ali em meia hora.

Foi a melhor visão do dia. Eleonora estava de pé, quase com o nariz no vidro do ônibus, agitando os braços. Eu pulava cá no meu canto e saí correndo assim que o ônibus parou. Travei com um carro quase em cima de mim, pois tinha me esquecido de olhar para o lado certo (para nós, o errado). Voltei tudo. Só o que faltava era ser atropelado agora.

Finalmente, atravessei.

Nos abraçamos. Nos beijamos. E começamos uma outra jornada.

Exame de consciência

Supermaratona de Rio Grande
Rio Grande do Sul

20 de fevereiro de 2005

O caminho de volta ao hotel australiano foi duro, sofrido, chorado. Ficamos Eleonora e eu, de mãos dadas, relembrando os momentos passados, ela contando o seu lado da espera.

Em Jenolan Caves, ela via os corredores chegarem, chegarem, e nada de eu aparecer. Quase ao final da prova, quando os chegantes rareavam, seu nome foi chamado pelos alto-falantes. Na cabine de informações, uma australiana grandona lhe disse que tinha notícias: "Your husband is stable now."

O que, a meu pedido, seria uma mensagem para tranqüilizar Eleonora, virou um pesadelo. O que eles queria dizer com "agora"? Significaria que antes eu não estava "estável"? E aquela história do helicóptero, que ela ouvira enquanto estava perto da área de informações, o que tinha a ver?

Enfim, um rosário de trapalhadas, bate-cabeças, desencontros e até inesperadas grosserias que agora era purgado. Eu ouvia e, ao mesmo tempo, com o rabo do olho examinava os colegas de ônibus, exaustos, sujos, machucados, mas de medalha no pescoço.

No banco da frente, uma mulher tinha o rosto todo lanhado, o sangue ainda vermelho vivo, marcas que iriam ficar por muito tempo. Um sujeito trazia o joelho enfaixado, outro exibia lanhaços na perna.

As minhas feridas latejavam na cabeça, de humilhação, vergonha, desânimo, desencanto. Se eu não era capaz de correr até o fim, de que mais não seria capaz? Se eu não servia para subir morro e descer morro, serviria para namorar? Alguém ainda iria me querer? Será que eu mesmo iria me querer?

A corrida, o ato de correr, ganhava uma dimensão transcendental na minha cabeça, como se a prova fosse, não uma diversão, um prazer, mas o julgamento de minhas habilidades como ser neste planeta. Ao mesmo tempo, via que aqueles questionamentos eram exagerados. Eu tinha decidido parar, sabia que a decisão fora a melhor para meu corpo, talvez para as corridas futuras, mas sofria com a desistência, me martirizava imaginando como tudo poderia ter sido diferente.

Com certeza, jamais teria chegado a tempo de ganhar medalha, mas poderia ter descansado uns dez, quinze minutos, e depois saído a trotar e caminhar. Acabaria chegando em algum momento, terminaria a prova, seria um vencedor, não um desistente.

Não adiantava. Nada no mundo poderia mudar o fato de que eu havia largado a prova, mas eu podia racionalizar que há também uma certa grandeza em saber parar, em se defender. Talvez mais importante fosse tentar entender por que eu tinha parado. O que tinha dado errado, afinal.

Sem mais delongas, tudo.

Meu treino foi insuficiente e inadequado para o tipo de prova, mas, acima de tudo, faltou decisão, dedicação, determinação. Não durante a prova, mas nos meses de treinamento: eu sonhava com a ultratrilheira, mas também a temia e, talvez escondido de mim mesmo, rejeitava a corrida na Austrália.

Participar da prova era um objeto de desejo, um prêmio ansiado, mas secretamente também poderia ser uma punição.

O paradoxo de motivação desmotivada acompanhou minha preparação desde outubro de 2004, quando comecei a montar as planilhas, planejar os exercícios, analisar quilometragens e tipos de treino. Essa etapa foi muito prazerosa; dolorida foi a hora de começar a calcular custos, de fazer as primeiras consultas de pacotes turísticos. Não parecia certo investir tanto dinheiro numa coisa que, aparentemente, era só para mim — claro que eram nossas férias, mas tudo envolvia a magia de Katoomba.

Em janeiro, a prova estava quase ali, e meu trabalho de musculação, que tinha ido tão bem em outubro e novembro, estava praticamente abandonado. Talvez por causa da instabilidade no treinamento, começaram a surgir dores. Pés, lombar, o maldito posterior da coxa. Além de fisioterapia, fui obrigado a reduzir a intensidade dos treinos.

Mesmo assim, fiz longões monumentais e investi até numa ultramaratona como parte da preparação. Aliás, quase todos que acompanhavam meu projeto desaconselharam a participação na Supermaratona de Rio Grande. Fiquei indeciso até a semana final, mas acabei correndo. Foi uma experiência épica.

A vingança dos quarentões

Eta marzão velho sem porteira! Nessas paragens do sul, nem tão bonito assim ele é: com a brisa quente, as ondas rolam baixas, curtinhas, de longe em longe e não conseguem disfarçar o amarronzado da água, a feiosa cor-de-burro-quando-foge. Mas, para mim, o praião tem a lindeza da vitória, diz que estou quase lá, que a tortura vai terminar, que vou fechar correndo a Supermaratona de Rio Grande, cinqüenta quilômetros de asfalto duro, cenário chocho e sol escaldante.

Foi difícil chegar até aqui, na praia do Cassino, a maior do mundo em extensão, como enchem a boca de orgulho os rio-grandinos. Uma semana antes, com forte gripe e dores de estômago, estava praticamente desistindo da prova.

Até parece conversa de maratonista: não há prova em que não venha um dizer que está machucado, que não treinou, que tem dor no pé, que a unha encravou, que faz três dias que não dorme, que esteve acidentado ou acordou de olho azedo. Na hora, o tal doentinho dispara na sua frente e só vai ser visto muito depois, já de medalha.

Na avenida Rio Grande, somos um punhado de gente que trota, caminha e se alonga. Não chegamos a trezentos. Estou no meio do bololô, mal vejo toda a turma, mas dá para dizer que poderíamos ser todos personagens de um filme chamado "A vingança dos quarentões".

É um grupo de gente experiente, curtida. Para onde se olha, o perfil é o mesmo: sujeitos pequenos, rosto chupado, osso e pele que escondem musculatura suficiente para quilômetros e quilômetros. De vez em quando, alguém mais barrigudinho, mas vá conversar com ele: deve ter umas vinte maratonas no lombo, tudo lá pelas três horas e um tanto. Um herdeiro do bravo povo chinês, minúsculo de corpo, rosto redondo escondido por óculos também redondos, só de Super de Rio Grande vai completar dez participações.

As mulheres, as pouquíssimas ali no brete, são de uma estirpe especial. Magras, secas, pequenas, rijas. Se alguma tiver um pouco mais de corpo, não deixe que as gorduras expostas enganem: por baixo há têmpera de aço. As pernas fortes vão levar a senhora

— algumas são avós — com galhardia pelos quilômetros quentes que estão à frente.

É uma gente calejada, que sabe o que vai enfrentar e tem certeza de que vai vencer. Eu, que não tenho certeza de nada, olho para todo o lado, respiro, bufo, confiro o relógio, o freqüencímetro, penso nas pernas, verifico se os pés estão confortáveis, calculo se deveria refazer mais uma vez o nó dos tênis, espero a hora.

"Faltam trinta segundos", grita o locutor e já engata um comentário qualquer, lembra que a prova faz parte das comemorações do aniversário de Rio Grande, que completa 268 anos.

Disparamos! A gente partiu na hora exata, mas o encarregado de tocar a buzina da largada não conseguiu acionar a traquitana no momento azado, ficou às voltas com o mecanismo — não sei como funciona, mas não pode ser muito complicado. A corneta soou depois, eu já tinha dado uns dez passos, rindo com a confusão no palanque, mas pensando também que aquilo não era bom sinal, não recomendava o povo da organização.

No começo do segundo quilômetro, ainda nos paralelepípedos da avenida principal do Cassino, uma corredora puxa para o lado, apóia-se em uma árvore e bota para fora o café-da-manhã. Para essa, a prova acabou antes de começar, penso, mas logo refaço a idéia, pois, do jeito que essas moças são duronas, é mais provável que ela simplesmente faça um bochecho para tirar da boca o gosto ruim e volte mandando ver.

Agora já é asfalto e uma paisagem "inspiradora": campo seco de um lado da estrada e, do outro, campo seco também, para a gente não estranhar o cenário. Tudo passa batido, porque vamos ganhando ritmo, grupos se formam, a conversa rola.

Dá gosto ver como estou solto nesses primeiros quilômetros. No quarto – bem marcado, em garrafais números no chão –, a média é um pouquinho abaixo de seis por quilômetro, muito mais forte do que eu pretendia e do que a prudência recomendava, mas sigo no vai-da-valsa, ouvindo a conversa dos colegas, às vezes me somando a algum grupinho, cumprimentando algum conhecido de outras contendas.

Emparelho com um velho parceiro, gremista como eu, que já havia encontrado em várias provas e até rodado junto por alguns quilômetros na Maratona de Porto Alegre de 2000, quando fiz meu melhor tempo. O cara é fantástico, tem não sei quantas cirurgias, cardíaca e ortopédicas, mas empilha maratona em cima de maratona, que corre meio sentado, num passinho curto e ligeirinho, chegando sempre inteiraço. Esta é sua sétima Super, numa conta de dezenas de maratonas em vinte e tantos anos de atletismo – puro hobby (ou paixão, religião, pão-de-cada-dia), como para quase todos nós, pois na vida real ele é professor de algum tema específico do mundo das matemáticas que nunca procurei conhecer em detalhes.

Chegamos ao km 5 com 32 minutos cravados e sentimos a adaga da traição nos costados: não tinha água ali, ao contrário do prometido. Não havia sequer posto ou lembrança de hidratação. Xingamentos escondem nossa preocupação. Os pés vão martelando o asfalto, e a gente vai calculando: "Será que vai ser sempre assim?", "Não, depois melhora", "Esses caras não podiam fazer uma coisa dessas, onde é que já se viu", "E o sol, olha o calor que está fazendo."

Um caminhão passa por nós, entre o km 6 e o 7, pára à frente. Desce uma gurizada, copinhos nas mãos, cada um de nós pega o seu e reclama da falha, pergunta se vai ter água mais tarde, resposta ninguém dá.

Em compensação, moradores da beira da estrada que vai do Cassino a Rio Grande aparecem de tempos em tempos para apoiar os corredores. A comunidade de vila São Pedro chegou a fazer uma faixa de saudação, e um grupo de umas vinte pessoas se acotovela na sombra de um ponto de ônibus para aplaudir. Saudamos, agradecemos e seguimos pela estrada aberta.

Logo vem uma pequena ponte sabe-se lá sobre o quê; é a primeira das duas únicas subidas que teremos em toda a prova — a outra também é uma ponte, quase na entrada da cidade.

Enquanto resfolego, emparelha comigo um sujeito bem-humorado, que vem correndo em ritmo de 100 metros rasos. É um jovem repórter da rádio local, que prestigia a festa. Quer saber de quem são os nomes que trago escritos na camiseta: "Minhas filhas e a Eleonora, que me espera prum beijo lá no final", grito no topo da subidinha. Não dava tempo para dizer que ainda levo os nomes de pai e mãe, dos meus irmãos, dos meus cachorros, da tartaruga, de certas músicas, de Porto Alegre e do Grêmio, se não me esqueci de algum.

É que a maratona virou para mim uma celebração não sei de quê — da vida, talvez. Eles participam comigo, fazem parte do que sou nessa conquista, que não tem nada a ver com esporte, nem com superação de limites, nem com encontrar o eu interior — é só um caminho, uma travessia. A gente planeja, se prepara — bem ou mal —, vai lá e faz.

Terminar é importante, gostoso, uma explosão de alegria. Há que percorrer toda a estrada até Passárgada, e ela é dura e cheia de percalços.

O sol castiga e nem são nove horas. Nem calculo a quanto chega a temperatura dentro dos meus tênis, quantas vezes a planta dos pés já martelou o asfalto. Quando dá, procuro correr no acostamento, buscando o consolo da terra e também fugindo um pouco do trânsito.

Este é outro problema: sem nenhum tipo de proteção, corremos na estrada — e na mão, ainda por cima, sem ver os carros que vêm por trás. Sorte que, em geral, os motoristas estão tranqüilos. De vez em quando, um buzina mais irritado. Mas cheguei a ver um ônibus liderando longa fila de veículos apenas para aguardar o momento certo e seguro de ultrapassar um corredor. Mesmo assim, pelo menos um atleta foi atropelado, ainda que sem gravidade.

A raiva contra essas falhas passa a ser mais um elemento do ânimo que me empurra, agora já trotando sozinho, depois que os vários grupos, trios e duplas foram se desfazendo ao longo dos quilômetros. Quase na entrada da cidade, já passada a ponte que cobre a estrada principal, há só uns dois ou três corredores à vista mais para a frente, outros tantos atrás.

E, de novo, no km 15, não tem água. Na verdade, o posto ainda está montado, fora do lugar, mais perto do 16 talvez, e lá os caras só avisam que a água acabou. Um sujeito até recolhe copinhos usados, vazios, e enche com gelo e água do tonel que nos oferece. Seria temeridade beber aquela poção, mas pelo menos serve para refrescar um pouco o corpo.

Já nas ruas vazias de Rio Grande, passo pelo cemitério e espero que o cenário fique um pouco mais movimentado, diferente — até agora, foi só planura, asfalto, solidão e calor. Que nada, só mais raiva em outro posto seco. Na manhã domingueira, Rio Grande é um deserto. Já não vejo mais ninguém à minha frente, e acerto o caminho entre as ruas de paralelepípedos seguindo as marcações do chão. É uma cidade pobre, simples, parada no tempo — ainda que com grande importância econômica e histórica, rica de "causos" em seus 268 anos.

Não vejo um marco que esperava com antecipação gostosa. Queria rever o hotel Charrua, que nem sei se ainda existe. Ele faz parte de minhas boas memórias de infância. No século passado, foi o hotel chique de Rio Grande, tinha até elevador, e lá passamos uns dois dias — uma contrapartida que meu pai ofereceu à família depois de uma duríssima temporada de ecoturismo à moda miguelão.

Naqueles tempos, já lá se vão uns quarenta anos, minha família de vez em quando passava uns dias em lugares estranhos para nós — casas emprestadas, acomodações às vezes ainda mais modestas que o parco orçamento de funcionários públicos permitiria.

Daquela feita, fomos experimentar a vida dos pescadores da ilha dos Marinheiros. A travessia em barquinho de motor que mal fazia tuque-tuque é lembrada até hoje: num certo momento, nós, as crianças, descobrimos que um saco de aniagem escondia uma cachorra e seus filhotes recém-nascidos, matilha de vira-latas do mais alto pedigree, que seriam jogados ao mar pelos barqueiros. Minha irmã já abriu o berreiro, e tanto nós fizemos que, antes do final da viagem, cada cachorrinho tinha um nome, cada irmão tomava conta de um ou dois, e todos chegaram vivos à ilha.

Na temporada, passamos algum aperto, acomodados no barraco do pescador, que não tinha água encanada nem muito menos banheiro. O conforto do hotel Charrua — nome da tribo de índios cavaleiros que habitou o Rio Grande em eras passadas — foi um bálsamo para a gente, mas agora, na prova, não chegou até mim.

Mas Eleonora me alcançou. Eu confiara na água prometida pela organização, mas, achando que seria insuficiente na segunda parte da prova, pedira à minha mulher que me desse apoio depois de umas duas ou três horas de competição.

Já estava quase na metade da prova — o km 21 cruzei com 2h18 — quando ouvi as buzinadas alentadoras. "Água, água, água", gritei. Ela parou, já saiu correndo com uma garrafinha gelada. Mandei um beijo e segui pelas ruelas, agora com companhia muito amada.

O calor impossível tirou os cidadãos das ruas. Em um ou outro bar aberto, alguns gatos pingados ouviam a narração da corrida pela rádio local.

Ainda nas ruas da cidade, passei por mais um posto de abastecimento, novamente vazio, as pessoas abandonando o local. Moradores da cidade, vendo as cenas desanimadoras, passaram a oferecer água. Um cabeludo que estava encostado num carro, parecendo cansado só de ver os maratonistas, mais tarde colocou vários copinhos no carro e circulou até o superporto para dar ajuda aos atletas. Na próximo encontro com Eleonora, uns 20 minutos depois, ela só me diz: "Está um massacre aí atrás." Imagine o que sofriam os que vinham ainda mais lentos do que eu.

Entrando na região dos armazéns do porto, talvez uma das mais feias do percurso, tive duas belas visões. A primeira foi a sombra, que pelo menos um dos prédios fazia; e a outra foram vários corredores retardatários, uns quatro ou cinco, espalhados por uns 500 metros à minha frente — com certeza, desses eu iria passar.

Na prova, minha primeira ultrapassagem havia acontecido lá pelo km 10; antes do 16 voltei a passar por mais uns dois ou três, mas agora as perspectivas eram animadoras, traziam o incentivo da competição. Afinal, mesmo os lentos queremos ter o gostinho de superar algum corredor, que ao longo de toda a prova é parceiro, amigo, colega, mas ali, naqueles instantes, é o adversário a ser destruído, superado, levado ao pó sem dó nem piedade.

Eu me via pensando essas coisas e refletia sobre a maldade humana e o suposto perfil amigável e benfazejo dos maratonistas. Por certo, somos todos boa gente. Mas aposto também que todos nós passamos por momentos na prova em que incorporamos os demônios da competição.

A força do mal, porém, não basta para me levar até os corredores que estão à frente. Ao contrário, lá pelo meio da avenida dos armazéns do porto, um sujeito me passa e ainda diz que "tá difícil, né". Tem uns dez anos a mais que eu, pesa talvez uns três ou quatro quilos a menos, e a pele é curtida e ressecada do sol.

Nem tento acompanhar o passo do sujeito, só estou de olho numa dupla que caminha lá longe, um cara mais alto, de calção preto, e um outro de calção vermelho. Quando eles caminham, eu troto. Quando eles ensaiam uma corridinha, eu caminho, mas dá para perceber que meu ritmo está melhor do que o deles.

Na esquina final dos armazéns, há um posto de abastecimento. Desta vez, milagre, há copinhos cheios no tonel — água quente. Agradeço e vou ficando com o abastecimento particular fornecido pela Eleonora.

Emparelho com os dois e ouço a voz da experiência: "A prova vai começar na ponte", diz o mais alto. É a partir dali, ele explica, que sai o retão de dez quilômetros que vai nos levar até a praia do Cassino. Pura solidão e sol, campo de um lado, mar do outro, em alguns pontos; em outros, só campo, para não perder o costume.

Eu caminho, os dois trotam e vão adiante. Sinto uma assadura na coxa, os pés doem muito, uma bolha que começou a se formar lá na primeira hora de prova agora já cobra atenção.

Quando volto ao trote, meu ritmo é melhor. Na ponte, supero aquele senhor que havia me passado antes e ainda ganho mais uma posição — alguém que fora bem mais rápido, mas não agüentara. O cara de vermelho se foi, mas o altão da dupla vermelha e preta está só uns 30 metros à frente.

Deixo estar, porque logo depois da ponte Eleonora me espera. Lambuza minhas pernas com bastante protetor solar, menos contra o sol e mais para tentar impedir que a assadura piore.

Agora tenho o mar a meu lado, mas não é muito inspirador. Amordaçado pela barra, o oceano é plácido, pacato, silencioso. Nem brisa refrescante sopra de lá.

Então a mente é território livre para o desânimo, para a racionalização, para os questionamentos: "Não tenho nada que provar para ninguém", "É melhor parar por aqui", "Vou parar e culpar a organização", "Meus pés vão ficar machucados", "Não adianta nada que tu não vais chegar a tempo."

Que nada! Apesar de ter diminuído muito o ritmo depois do km 25, estava bem dentro do possível. O sol e a raiva apenas é que podiam explicar tanto cansaço, pois eu fizera treinos de quatro horas e de cinco horas, com muito morro, e não tinha nem sentido.

Talvez também a soma de tudo estivesse se abatendo nas minhas costas, fazendo da lombar um cinturão rígido que não chegava a ser dolorido, mas encerrava uma ameaça terrível para um portador de hérnia de disco.

Fiquei maldizendo minha preguiça e os descuidos com os treinos de musculação, de fortalecimento das costas, e tentando lembrar os ensinamentos e orientações dos médicos e fisioterapeutas que vêm me acompanhando ao longo de minha vida recente de corredor, ajudando a que eu fique inteiro apesar das aventuras arriscadas em que me envolvo.

Erguer as costas, enrijecer o abdome, sentir os paravertebrais reagindo, determinar que o corpo se empine, aprume e siga, apesar das contra-ordens que nervos e músculos transmitem para o cérebro. Penso apenas em esquecer a dor nos pés — chatos que são, precisam de uma palmilha para levantar o arco, e essa palmilha também faz uma pressão desgraçada.

Descansei, caminhei, voltei a trotar. Os quilômetros, ainda que vagarosos, passavam. No km 34, alcancei outro retardatário. Passamos a conversar, desancar a bagunça da prova, reclamar da falta de água e contar histórias de guerra, de nossa vida de corredores. No 35, dividimos a água que Eleonora ofereceu e tomamos carboidrato para renovar as forças.

O cara era de Rio Grande, conhecia cada pedaço da estrada — como corredor, porém, era a primeira vez que fazia o percurso. No papo, íamos engolindo o asfalto.

À certa altura, voltei a ver no piso a marcação da quilometragem. De longe só percebia uma curva no topo do segundo algarismo: será o 38 ou o 39? Tomara que seja o 39... Não, a gente acabou de passar o 37... Faltavam uns cem metros para a marca, e nenhum de nós tinha certeza.

Era o 39! A gente não pulou nem dançou para não gastar muita energia, mas festejamos com uns gritos e aceleramos a passada para que o 40 viesse logo, e depois o 41, o 42 e a praia.

Como eu queria ver aquela praia! Como meus pés sonhavam com aquela areia! Desde o km 35 vinha sem as palmilhas especiais, estava com a planta dos pés direto na borracha do tênis, mas pelo menos não havia mais aquela pressão no arco. As dores eram outras, novas, mas menores que a vontade de chegar.

O colega irradiava o rumo: "Depois daquela curva tem outra, e aí a gente está quase lá." Que curva, gente? A estrada é um retão só. Lá no final, dá um jeitinho, mas chamar de curva é exagero.

De qualquer jeito, já dava para ver a barra, os molhes de Rio Grande. As velas à vista eram das vagonetas, que acenderam outra luz de meu passado.

Naquele tempo, idos de 68, talvez, passeamos por ali e fomos, toda a família, curtir a novidade: visitar os molhes, que entram quatro quilômetros mar adentro, num carrinho movido a vento. As vagonetas são simples plataformas de madeira, com rodas de ferro (ou eram; não cheguei perto delas agora, talvez a tecnologia tenha mudado sua forma e aparência) que corriam em trilhos, como bondes e trens. Tinham velas cruas – hoje coloridas –, que, enfunadas, faziam o veículo deslizar. Lembro de nós todos aboletados no carrinho, e minha mãe cantando, puxando o coro doméstico: "Viva o sol, no céu da nossa terra, vem surgindo, atrás da linda serra. Viva, viva, viva o sol!"

Agora bem que eu queria que poderosas nuvens escondessem o sol, mas ele teimava em nos queimar, tentar minar as forças e tirar o ânimo.

Nessa última missão, fracassaria redondamente. Estávamos, finalmente, no Cassino, 250 quilômetros de areia formando o que dizem ser a mais extensa faixa de praia contígua do mundo.

Essa é uma praia gaúcha da gema! Tem dunas (com vegetação rasteira e, aposto, muita roseta), larga faixa de areia, vento cortante e mar gelado. A gente senta numa cadeira de praia, se enrosca na toalha e fica lá, tomando chimarrão e pensando na morte da bezerra.

Cassino ainda tem muito mais. Tem a gauchada toda que fica lá. Não é por ser da minha terra, mas é gente boa. A organização da praia demonstra o caráter do povo.

Bem para cima, perto das dunas, uma terra de ninguém. Logo depois, uma pista cortada a patrola, para os carros que vão ao sul. A pista é definida por montes de areia de cada lado, o mesmo que acontece na outra pista, para os carros que vêm do sul.

Daí, nova larga faixa de areia e mais um delimitador, também montes de terra deixados pela patrola. É só até ali que os carros podem ir, é ali que podem estacionar. E ficam, um ao lado do outro, ordeiramente, servindo de base para o acampamento familiar.

Da porta do carro mesmo, alguns puxam a lona para formar uma barraca, outros montam guarda-sóis, ajeitam cadeiras, banquinhos. E, claro, a churrasqueira. Praticamente ao lado de cada carro há uma, em formas e tamanhos os mais diversos, feitas em casa ou chiques, compradas em lojas de grife churrascal.

A caipirinha rola entre a turma que belisca a carne, enquanto a gurizada corre livre pela faixa mais larga, a que bordeja a água e por onde não passam carros nem motos nem nada que possa trazer perigo aos veranistas.

Eles nos elogiam, incentivam, oferecem água, cerveja, refrigerante. Meu parceiro de final de prova parece conhecer cada família, é cumprimentado, promete voltar para um naco de carne, brinca com um ou outro.

Desde que entramos na areia, quase só temos olhos para um telhado vermelho que, lá longe, indica as proximidades do ponto em que vamos sair da areia e entrar na reta final.

As pessoas saem de seu descanso para nos oferecer água. Ao lado de um carro, uma senhora traz quase um balde para a gente, dá para cada um se refrescar todo, enquanto sobe o cheiro da carne na brasa – ali, a cozinha gaúcha se resume ao churrasco, mas a culinária praieira tem muito mais.

Lembro de um ensopado de asa de arraia que comi no Cassino há 40 anos. Denso, dourado pelos temperos, tomate, cebola, coentro, farinha de mandioca, tempero verde, o peixe saboroso, tenro mas firme o suficiente para ser mordido, destruído a dentadas e então se derreter na boca.

Foi um prazer inesquecível, preservado na memória distante; o que tinha viva na cabeça era a lembrança dos pratos de frutos do mar que vira no restaurante onde, no dia anterior, fora obrigado a me limitar a um prosaico arroz com galinha.

Vambora, que a praia está no fim. Aceleramos, mas o quadríceps reclama, as costas chiam, calma que tudo vai dar certo. Já dá para ver a curva, o ponto de onde sairemos da praia, corremos mais um pouco, combinamos de caminhar um tanto e depois seguir no trote até o fim.

Bem na curva, quando já estamos quase no final da areia, uma mulher nos oferece água de novo. A vontade é recusar, mas ela vem correndo com as garrafinhas, duas crianças correndo junto: "Tá bem geladinha, tá bem geladinha!"

"Moça, tenho dois minutos para acabar essa prova, não preciso de mais nada", dá vontade de dizer, mas vale mais a pena aceitar, deixar mãe e filhos felizes com a satisfação do dever cumprido. E a gente também se alegra com a solidariedade recebida.

E logo fecho a cara, pois a curva que vou fazer está tomada por um carro e, para complicar ainda mais as coisas, uma veranista carregando uma cadeira atravessa em frente ao carro e, obviamente, no nosso caminho.

Mudo a trajetória, chegamos finalmente à rua calçada, sinto de novo os paralelepípedos nos pés. Passamos pela estátua que homenageia Iemanjá, entramos na avenida Rio Grande, dá para ver o pórtico de chegada.

Digo para o parceiro para ele ir, para que cada um tenha sua chegada privada e particular. A gente acelera um pouco, mas ele fica, eu abro a passada, o pulmão e o berro: "Tô chegando!"

Acelero mais ainda, sou velocista, elegante em passadas que nunca tivera naquela manhã toda. Faltam poucos metros, berro, as pessoas aplaudem, vou passar pelo palanque, ainda ouço o locutor dizendo que o tempo da prova está encerrado, vejo a Eleonora ao lado do pórtico, grito o nome dela e chego.

No meu relógio, foram 6h15min26, menos de meio minuto acima do tempo permitido, mas muito bom para mim, que ainda me volto para aplaudir o parceiro dos últimos 15 quilômetros.

Ele também dá seu show. Vem trotando, fazendo caretas de dor e, quando passa pelo palanque, bambeia a perna, começa a renguear como se fosse a Gabriele Andersen-Scheiss, corredora olímpica famosa por ter quase desmaiado na pista antes de ficar em último na maratona de Los Angeles-1984. O locutor chega a ficar em silêncio respeitoso, não percebendo a farsa, que termina em pulos na hora em que o sujeito cruza o pórtico.

De medalha no peito, vou para o mar com Eleonora. Banho de sal e sol e, depois, comida, que ninguém é de ferro. No cardápio, siri na casca e pastel de camarão com queijo. Tudo com muita pimenta e gosto de mar.

Braçadas tensas

Apesar da dureza, aquela prova terminou em muita festa. Só que, na semana seguinte, a recuperação foi muito mais lenta do que eu tinha esperado. A lombar doía, os quadríceps queimavam, só dava para trotar de levinho, na grama, e olhe lá.

Os conselhos para não participar da prova agora se transformavam em comentários quase vingativos, aqueles "eu-não-disse?" em tom de professoral admoestação. Mas não culpo Rio Grande pela parada na Austrália: ao contrário, é um orgulho grande ter completado a prova gaúcha, que foi um ponto alto em minhas corridas.

O problema mesmo foi a falta de foco verdadeiro e, com ela, a falta de treinamento apropriado. Tergiversei já no final de 2004, quando estava no período de base — a primeira fase de um ciclo de treinamento, quando a gente procura desenvolver a resistência e aumentar a força para agüentar o tranco que virá mais tarde.

Fazia musculação, rodava longos, subia lombas, é certo, mas também me deixei seduzir por outras aventuras. Voltei às aulas de natação, para usar o esporte como descanso, relaxamento e forma de alongamento, mas logo a piscina também se transformou em desafio, e apareceu no horizonte uma competição. Quase sem preparo, mergulhei no início de novembro para enfrentar uma travessia de mil metros em águas barrentas no interior de São Paulo.

O medo mata. Não sentia mais o meu coração. Ele não estava simplesmente acelerado, como quando damos o sprint final em uma longa corrida ou subimos com vontade uma ladeira íngreme. Mal funcionava, e eu quase não conseguia respirar. Doíam pulmões, pescoço, cabeça em cada tentativa frustrada de puxar e soltar o ar. A sensação era de afogamento, como um personagem de cinema que luta no fundo do mar contra monstros cheios de tentáculos e consegue, por breves instantes, voltar à tona para uma lufada de ar antes de ser puxado novamente para as profundezas. E isso porque eu estava com água pelas canelas.

Era a minha primeira travessia, a primeira vez que nadaria de verdade fora de uma protegida e aquecida piscina. A minha bateria na décima etapa do Campeonato Paulista de Maratonas Aquáticas, em uma represa junto ao complexo de diversões Wet'n Wild, em Itupeva, no interior de São Paulo, já tinha largado. O plano era eu seguir atrás para fugir da confusão inicial, em que há muita marola e choques entre os nadadores. O pânico não me deixou nem mergulhar.

Não sei o que temia nem por quê, mas a mensagem que me paralisava era de terror, de me afogar, engolir água, sei lá. Queria sair dali. Olhei para a margem, comecei um movimento de fuga, parei. Meu professor de natação, Robson Tischer, que iria me acompanhar na travessia, chegou ao meu lado.

"Não vai dar", disse a ele. "Estou com medo, não vou conseguir. Não consigo respirar, o coração não me deixa respirar."

Mas já estava dentro da água, já tinha dado algumas braçadas. Robson só perguntou: "Não vai dar mesmo?", e ficou por ali, esperando minha decisão.

Eu pensava que aquilo era ridículo, imagine voltar seco para São Paulo, mas enfiava o corpo na água e o coração não respondia, o cérebro dizia que não, a sensação de afogamento me dominava (eu nem saíra da área em que tinha pé).

Fiquei na água, meti uma braçada, outra, sempre com o rosto fora da água, não atinava em fazer a respiração normal da natação, puxando ar fora e largando dentro da água. Mas achei que, se conseguisse fazer a expiração direito, aos poucos iria me acalmar.

Meti uma braçada, respirei, larguei o ar dentro da água. Mais uma, mais outra. Era um fenômeno: a respiração estava normal, mas eu não sentia o coração, ele parecia estar no pescoço, apertando a traquéia e me apavorando.

"Tenho de ir." Pensei que, se conseguisse enfiar três por um, estava feito. Tentei: busca o ar, enfia a cabeça na água, braçada um, braçada dois, solta o ar, braçada três, vira a cabeça e pega o ar.

Deu uma vez, não parei. Mais uma. Levantei a cabeça, o Robson estava lá, disse que eu estava indo bem, era só seguir reto.

Que bem, que nada! Mas estava melhor do que uns dois ou três minutos antes, começava a acreditar que poderia seguir. Talvez não terminasse, mas pelo menos não ia me entregar sem lutar. Quem sabe eu tivesse câimbra ou ânsia de vômito, qualquer coisa que justificasse parar sem passar muita vergonha.

Não que eu precisasse ter vergonha. Afinal, estava ali de gaiato, no dia 6 de novembro de 2004, no final da primeira semana de meu terceiro mês de treinamento. Apenas 60 dias antes, eu tinha de parar na borda da piscina a cada 25 metros; meus primeiros mil metros sem descanso tinham sido nadados havia quatro semanas. O estilo da braçada é ridículo, minhas pernas de maratonista ficam lá no fundo, os pés batem apenas *pro forma*, para dizer que estão colaborando, que não estão jogando contra o resto do corpo. Mas eu não só não afundo como também sigo em frente e não me canso.

Essa consciência estava começando a se reanimar a cada braçada, eu estava seguindo em frente e não iria desistir. Mais ou menos o mantra das maratonas: "Não ceder, não reduzir, não desistir."

"Está indo bem. Já fomos uns 200 metros", berra o Robson. Eu digo qualquer coisa, mas sei que não foi tudo isso: a primeira bóia, uma enorme coisa emborrachada amarela, está ainda lá na frente, talvez uns 30, quem sabe uns 50 metros.

Vou. Robson assobia para me chamar para a direção certa, os caras da organização, em um bote, também sinalizam, e lá me vou a meter braçadas. Está certo: as pernas batiam também, mas lá do jeito delas, tentando seguir um certo ritmo, tentando colaborar.

Quando me dei conta, estava ao lado da bóia amarela. Deu vontade de parar e beijar a dita cuja, de gritar como nas maratonas, mas só boiei um pouco, depois de passar, para olhar qual a nova direção a seguir, e meti braço.

Agora estava começando a acreditar que ia conseguir, pelo menos, chegar ao objetivo seguinte, uma bóia laranja que estava lá na frente, numa linha oblíqua. Botei na cabeça a direção e fui embora, bem devagar, mas confiando que, naquele ritmo, poderia ir até Porto Alegre.

Já conseguia até pensar, apreciar a água, analisar o entorno. A água é turva, escura, amarronzada. Quando afundo a cabeça para expirar, enxergo talvez cinco ou dez centímetros. Quando ponho a cabeça para fora, tentando encontrar a direção, mal consigo divisar qualquer coisa. É que a cabeça fica muito rente à água, não aprendi ainda a nadar como se tivesse um periscópio.

Por isso, de quando em vez, tenho de parar para dar uma olhadinha. A partir do meio do percurso, Robson coloca uma touca amarela e aí tudo fica mais fácil. Aliás, foi com facilidade que cheguei à bóia laranja e embiquei para a terceira bóia, laranja novamente. Seria uma linha reta até ela, depois descer firme e forte até a mesma margem onde fora dada a largada.

No trajeto para a terceira bóia, estou tão tranqüilo que consigo até filosofar, fico pensando na paúra da largada e em como a superei, invento frases grandiloqüentes, como "O medo da vergonha é maior que o medo da morte", mas, principalmente, presto atenção a minha tranqüilidade alcançada, ao modo como as braçadas fluem, lentas e ritmadas, fortes até.

Quase chegando à terceira bóia, vejo à minha frente uma touca quadriculada de vermelho e branco, lembro que é de um nadador bem mais velho, talvez uns quinze ou vinte anos a mais que eu. Com certeza, tem mais experiência, melhor técnica e, até ali, mais rapidez. Mas eu chego até ele, passo. Quase não acredito que fiz uma ultrapassagem, com todas as ressalvas e considerações que se fizerem necessárias.

Passo a bóia e, meio bobo, pergunto ao Robson o caminho, cadê a outra bóia.

Não tem mais bóia, é só seguir reto.

Ao que parecia, iria alcançar meus objetivos: acima de tudo, chegar vivo; depois, não engolir água; finalmente, não trocar de estilo por causa de cansaço.

"O final é ali", me disse o Robson, apontando a direção, e eu fui na minha.

Não dava para meter um sprint como nas maratonas, mas acelerei progressivamente. Quando vi que não ia morrer mesmo, dei um pau para fechar os mil metros em 30min21 no oficial, 29min54 na cronometragem do Robson.

Cheguei nadando, vivo, sem ter bebido água e sem ter saído do crawl.

Se superei o medo, não sei, mas dei o maior berro quando saí da água, festejei a vitória e a vida. Tinha feito a travessia.

As emoções na água me levaram a aumentar o ritmo dos treinos na piscina e, com isso, sofreram os treinos para a corrida. Tudo isso me passou pela cabeça naquela hora de viagem de volta ao hotel na Austrália, abatido e dolorido. Eu me dividia entre auto-recriminações e auto-elogios silenciosos, mas sabia que, cabisbaixo ou de cabeça erguida, a vida iria continuar. A Six Foot Track já era passado, tinha agora de pensar na próxima maratona.

Mas os demônios da depressão e da auto-indulgência me perguntavam: "Vai haver uma próxima maratona?" Naquela hora, eu não sabia responder.

Sonho impressionista

Marathon de Provence Luberon
Pertuis, França

23 de outubro de 2005

O enorme cavalo negro empinou, sacudindo a crina brilhante como se fosse o belíssimo Silver, das histórias do Zorro. Por alguns segundos, parecia soltar fumaça pelas ventas e flutuar no ar, todo-poderoso. Então veio ao chão e entrou num trote ritmado, seguindo a música que vinha dos alto-falantes e obedecendo aos estalos do chicote de seu treinador.

O público no salão explodiu em palmas, que não economizou para os outros microshows: apresentação de um camelo, acrobacias eqüestres, mais cavalos dançarinos. Nas mesas, vinho tinto, uvas dulcíssimas, pão, salgadinhos. À minha frente, um pratarrão de paella *comme il faut*, com o arroz cremoso tingido pelos molhos e temperos, camarões gigantes, frutos do mar variados e suculentos pedaços de carne de gado, frango e porco.

Não era o programa mais convencional do mundo para a véspera de uma maratona, a primeira que eu iria correr depois de meses de preparação, lesões, treinamentos frustrados e frustrantes, dores e algumas pequenas vitórias.

Eu aproveitava, é certo, a noitada no La Bastide des Fontaines, um misto de haras, centro de treinamento de cavalos e casa de shows eqüestres na Provença, região vinícola no sul da França, quase na encosta dos Alpes marítimos. Mas a cada uva que comia, a cada mãozada de amendoins, a cada nova garfada, eu me dizia: "Rodolfo, vê lá o que você está fazendo. Cuidado, não vá jogar tudo fora..." Um piriri numa hora dessas seria um desastre, e nada como uvas em penca para soltar os intestinos. Se temperar tudo isso com os nervos retesados pela expectativa e pelo medo, então, a coisa fica mais feia ainda.

Não sabia o que iria acontecer no dia seguinte, às vezes até duvidava que conseguiria terminar. Iria para minha décima primeira maratona, mas entrava como se fosse um debutante. Meu único desejo era chegar até o final. E não tinha certeza se meu treinamento garantia ao menos isso.

Afinal, também nem de longe fizera uma preparação convencional. Uma semana depois do fracasso na Austrália, correra uma meia maratona na Nova Zelândia, esbanjando pulmões, mas só chegando até o fim para não passar vergonha frente ao parceiro de corrida, o ultramaratonista que conhecera durante a Maratona da Grande Muralha, na China, e agora nos recepcionava no país dos kiwis, a desajeitada ave gigante e a azedinha fruta carnuda.

As dores nas costas e nas pernas voltaram com tudo. Cheguei ao Brasil e fui direto para o estaleiro, ver se o corpo velho ainda tinha conserto. O médico achou que as dores já estavam durando muito tempo, talvez não fossem coisa pouca. Era melhor investigar com exames mais profundos, ressonância magnética, tomografia, essas coisas que fazem a gente tremer só de ouvir falar.

Quando veio o resultado, gelei. Um dos itens do laudo dizia: "Redução do espaço articular no compartimento superior do quadril, associado a afilamento condral em ambos os componentes. Há também esclerose subcondral e reação osteofitária marginal predominando no acetábulo, associado a formação cística subcondral e edema da medular óssea." E o parágrafo seguinte dava o golpe de misericórdia: "Acentuada redução volumétrica, com alteração degenerativa da porção ântero-superior do lábio acetabular."

Só faltou sentar e chorar. A internet não me ajudou nem um pouco a entender o palavreado, mas dava para perceber que era merda das grandes. Com o fantasma da "alteração degenerativa", então, já achei que era câncer e me via mancando por aí com uma perna mais curta que a outra, se sobrevivesse à contínua perda de massa óssea.

Na hora da consulta, porém, o horizonte se desanuviou um pouco. De fato, as alterações degenerativas na cartilagem não tinham conserto e provavelmente iriam ter seqüência pela vida afora; de fato, a corrida poderia ser um fator de agravamento (mas também poderia não ser). MAS não era esse problema que estava prejudicando meu desempenho nem provocando as dores. A causa do sofrimento era outra, que também aparecia no laudo: "Tendinopatia moderada do glúteo mínimo e da porção anterior do glúteo médio nas suas inserções no trocanter maior, que apresentam um espessamento, alteração de sinal e realce na fase pós-contraste. Tendinopatia dos isquiotibiais, com discreto realce na fase pós-contraste." Em suma, tendinite na região posterior da coxa era o fantasma que já me assombrava havia quase um ano.

Para todos esses problemas, pode-se até cair na cirurgia; em geral, porém, o tratamento é convencional. Se o paciente não corre de sessenta a cem quilômetros por semana, com certeza vai ficar melhor mais rapidamente. Eu não pretendia parar de correr nem os médicos propuseram isso, mas tive de fazer uma redução de volume significativa. E prometi esquecer qualquer programação de corridas.

Por uns dois meses, fiquei nessa história: piscina, quatro dias por semana de treinos leves, de no máximo uma hora, sessões semanais de fisioterapia. Em junho, já me sentia melhor e cheguei a participar de uma corridinha de sete quilômetros no Dia dos Namorados, na romântica e bucólica ilha de Paquetá, no Rio de Janeiro. No final do mês, recebi o sinal verde para recomeçar a pensar em uma maratona, mas nada de exagerar nos treinamentos, tinha de levar a carcaça com calma e tranqüilidade. A tendinite não estava curada, talvez não ficasse curada até o final do ano. O que eu precisava era equilibrar os avanços do tratamento com a intensidade do treinamento.

O tratamento, aliás, também colaborava com os treinos. Além do uso de aparelhos de ondas curtas e ultrassom, basicamente para reduzir a inflamação e diminuir as dores, eu fazia exercícios de equilíbrio e de força. Nas ruas, contabilizava o treinamento por tempo. Cada semana corria no máximo dez por cento a mais que na anterior, a cada três semanas reduzia o volume, não fazia nenhum treino de velocidade – apenas rodagens em ritmo leve, bem inferior ao de competições.

Às vezes, me desesperava, achando que aquela moleza não ia servir nunca para me preparar para uma maratona. Porém, a crer nos meus cálculos e planilhas, mesmo obedecendo rigorosamente às ordens médicas em relação aos volumes de treino, ainda conseguiria fazer pelo menos três rodagens de mais de três horas antes da maratona, que seria no final de outubro. E conseguia incluir na preparação, de tempos em tempos, a participação em alguma prova curta, de dez quilômetros ou mesmo meia maratona.

Uma dessas me deu muita alegria e confiança. Em viagem a trabalho à Alemanha, encontrei uma pequena meia maratona num subúrbio de Berlim. No percurso plano, consegui acabar a prova um minuto abaixo das duas horas, fazendo a segunda parte mais rapidamente que a primeira e terminando sem dores. O ritmo foi bem mais forte do que o dos treinos, dando uma injeção de entusiasmo ao último mês de preparação.

Mas meia maratona é só metade de uma maratona, e agora eu estava ali, no ginásio municipal de Pertuis, cidadezinha viticultora da Provença com menos de 20 mil habitantes e mais de 10% de desempregados, prestes a mais uma vez enfrentar os 42.195 metros como se fossem velhos desconhecidos.

O lugar, aliás, era um perfeito desconhecido para mim. Até dois meses antes, nunca tinha ouvido falar desse vilarejo nem planejava visitar esse pedaço da França. Meu objetivo, desde um dia em 2004 em que uma pesquisa na internet por acaso me levara a ela, sempre fora participar da Maratona Transpirinéica, um percurso sensacional que ia da Espanha à França pelos Pirineus, seguindo os passos do pintor surrealista Salvador Dali.

No dia 23 de outubro de 2005 seria realizada a primeira edição da tal maratona, mas em meados do ano, talvez por problemas políticos, o percurso foi modificado e murchou seu principal atrativo: a prova deixou de ser transfronteiras.

Àquela altura, eu já estava de passagens nas mãos e tinha de dar um jeito de arranjar, naquela mesma data, outra maratona suficientemente boa para me seduzir, para fazer com que eu chegasse ao fim.

Para um brasileiro, acostumado ao minguado calendário maratonístico do país, impressiona o número de provas de longa distância na Espanha e na França. Competições regionais, festas municipais, a maioria delas nem chega aos grandes sites internacionais que mostram a programação de maratonas no mundo. É preciso garimpar na internet até conseguir as informações que valem ouro.

Acabei mirando na França. Por fotos, notícias e pelo jeitão dos sites, a região do Luberon me conquistou. Quem sabe em Pertuis encontraria o Santo Graal, iria enfim voltar a ser um corredor, poderia de novo me chamar maratonista.

Às nove em ponto, céu azul e sol brilhando fraquinho, a turma dos dez quilômetros largou. Muitos fantasiados, outros tantos correndo em grupo, uma festa familiar. Para mim, começou a aflição.

Não parava de cuidar o céu, pois a cada instante o clima parecia mudar. Vinham nuvens cinzentas, o vento aumentava, o sol voltava, o que ia acontecer? Tratei de correr para a fila do banheiro, será que iria enfrentar a vingança da paella?

Acabei descobrindo uns mictórios muito diferentes. Do tamanho dos banheiros químicos convencionais, mas abertos: sobre uma base redonda, paredes dividiam a área em três compartimentos. Ou seja, vários podiam mijar no espaço que seria de apenas um, e o próprio corpo protegia as intimidades do usuário.

Chegou a hora da partida, marcada por uma chuvinha fina. Eu saí meio abobalhado, pensando nas dores dos pés, nas costas, na hora da chegada, na Eleonora. Minhas passadas, naquela volta na pista de areião do ginásio de Pertuis, estavam amarradas, duras, travadas.

Mas não sentia dor. Metros depois, já no asfalto, engatei um arremedo de ritmo e vi que poderia ir sem medo, por enquanto. Afinal, a maratona nem tão grande assim é. Dizem que são 42 quilômetros e tanto, mas, na verdade, você leva pelo menos uns cinco para se arrumar na prova, então não contam; os últimos cinco quilômetros também não valem, porque você vai só no vai-da-valsa, acelera até chegar e pronto; e, lá no meio, tem outros cinco que são tão difíceis, mas tão difíceis que você esquece deles. Resultado: são menos de trinta quilômetros de corrida mesmo, e isso qualquer um faz.

É com bobagens dessas que as pessoas fazem seu reforço psicológico para a maratona, acho. Eu mesmo não pensava assim: na primeira volta, quando passamos pelo cemitério municipal, só torci para não ser levado para ali antes de terminar a nona edição da Marathon de Provence Luberon.

Corria sério, tentando não escorregar no asfalto molhado e avaliando essas primeiras passadas. Fechei o km 1 com 5min40 e repeti o tempo no segundo quilômetro. Se mantivesse essa média, chegaria em quatro horas e um tantinho. Mais provavelmente, porém, ficaria esgotado antes do km 35.

Eu tinha vontade, claro, de ser mais rápido. A meia maratona de Berlim vinha de novo à lembrança, assim como várias provas de dez quilômetros que fiz em menos de 55 minutos. Meu desejo era desafiar, procurar saber por quanto tempo manteria o ritmo. Mas seria um erro, e a maratona não perdoa. Ela cobra em dobro e castiga com rigor quem a desrespeita ou a leva na brincadeira.

Alguns vêem a maratona como deusa vingativa, amante doida, doidivanas, exigente e violenta. Eu prefiro tê-la como mulher apaixonada, que tudo entende, aceita e recebe, mas também explode, grita, arranha e morde. Ela te dá em dobro o que lhe deres, e às vezes exagera ainda mais.

Por isso, no terceiro quilômetro tratei de me apianar e começar a prestar mais atenção no mundo. Estávamos na saída da cidade. O entorno ainda era urbano, é certo, mas já havia terrenos arados, terra preparada para receber sementes.

No asfalto, de repente passa por mim um americano que conhecera na festa, na noite anterior, e que é outra daquelas figuras sensacionais de maratonista.

De origem mexicana, não parece atleta nem se visto com o mais benevolente olhar. Mais baixo que eu, mais troncudo, com uma barriga respeitável, o cara engole maratonas como quem roda cinco quilômetros no parque do bairro.

Ex-militar, auxiliar técnico em um pronto-socorro do Texas, acumulou dezenas de férias não tiradas ao longo de mais de vinte anos de trabalho. Agora, corre pelo mundo, solitário, aproveitando quinzenas de descanso. Na França, completou sua maratona de número 37, corridas em 33 países. Dali, iria descansar uns dias em alguma ilha grega e, depois, participar na maratona de Atenas.

Eu não tinha planos. Queria apenas correr sem dor e beber o mundo à minha volta. A faixa de asfalto cortava um vinhedo, as carreiras de plantas retas, parelhas, todas da mesma altura, cada linha igual à seguinte, um mar de verde que prometia cachos de gordas uvas, doces e sumarentas. De um daqueles parreirais, saía o vinho especialmente feito para a maratona, que receberíamos como prêmio, em vez da costumeira medalha de participação.

No céu, as cores brigavam: o cinza dominava, o pálido azul teimava em tentar aparecer, nuvens mais poderosas branquejavam o mundo. De repente, uma buzina. Olho para o lado, é um velho carro, parece um Ford bigode, faz-me lembrar o antigo Austin que uma tia dirigia em priscas eras em Porto Alegre. Mas vem reluzente, assim como o antigo casal que o tripula, em roupas domingueiras.

O calhambeque passa bufando, e eu fico lá pensando para onde vai aquela dupla, um senhor de lá seus 80 anos, de chapéu na cabeça e enorme bigode branco; uma senhora de casquete vermelhinho, maquiada para dia de festa. Pois não é que dali a pouco surge outro carrinho antigo, e mais outro e outro também?

Eles passam por nós, que agora pela primeira vez chegamos a um cruzamento mais importante, onde policiais seguram o trânsito para que possamos cruzar em paz a estradinha mais movimentada.

O curso segue agora por chão batido, e lá na frente vejo os carrinhos parados em convescote. Decido que ou é uma convenção de proprietários de veículos ou é alguma festa de calhambeques. De qualquer forma, vou passando e deixo as dúvidas para trás.

Os corredores fazemos uma fila colorida no campo, somos só nós e as uvas. Ou quase. Em um vinhedo, aparecem dois sujeitos e uma moça vestidos à moda militar, com roupas camufladas, carregando espingardas e manejando dois ou três cães. Serão seguranças? Aquela terra parece tão tranqüila.

São caçadores, explica um colega de estrada, e eu fico orgulhoso de ter conseguido me fazer entender em uma engrolação que eu confiava ser francês. Os caras estão atrás de aves e lebres, mas aposto que, se acertarem algum bicho, não sobra nada para contar a história.

Nesse andar, já deixei para trás mais de cinco quilômetros. É impressionante como a maratona vai diminuindo: no primeiro quilômetro, você percorreu apenas um mísero quarenta e dois avos do percurso, mas quatro quilômetros depois você já tem mais de dez por cento vencidos. Coisa muito boa, a matemática do corredor.

Uma placa com desenhos e textos em letras marrons, identificadores de sítio histórico, informa que o nome da estradinha percorrida agora é Chemin des Huguenots, que foi trilhada, centenas de anos antes, pelos protestantes franceses. Eles foram perseguidos e massacrados durante a guerra civil que dividiu a França no final do século XVI e início do século XVII. Claro que as diferenças religiosas serviam mais para identificar melhor os lados: em disputa estavam o poder e o controle econômico do lugar.

Toda a Provença, por sinal, é pródiga em construções e restos históricos, que contam um pouco do passado do mundo e revelam a disposição do povo atual de preservar os caminhos de antanho. A capital informal da região, Aix-en-Provence, orgulha-se dos prédios de mais de trezentos anos, dos caminhos estreitos em pedras escorregadias e da própria beleza natural, inspiradora de poetas e pintores.

As cores da Provença são as cores do impressionismo: os laranjas, os dourados, os azuis estão nos toques trêmulos, nas pinceladas de Cézanne, que nasceu ali mesmo; olhar os campos é ver também um quadro nervoso de Van Gogh.

Logo saímos da trilha histórica e voltamos, com mais de dez quilômetros, ao asfalto, uma estrada intermunicipal cheia de sombra, casas à beira do caminho, um ou outro grupo que aplaude. Numa cerca de madeira, colorida por uma trepadeira, está pendurado um cartaz. É uma colagem infantil, um boneco de cartolina, colorido com marrom e preto e ainda fumando um cigarro pintado.

Sobre ele, o aviso, advertência, incentivo ou gozação: "Plus vitte, JC!"

Fiquei imaginando o que passaria ou teria passado na cabeça de Jean Claude quando ele visse a mensagem pedindo, ordenando que fosse mais rápido. Ficaria enternecido de chegar às lágrimas, emocionado com a lembrança do filho? Ou se encheria de raiva e rodaria mais forte, só pensando: "Ah, quando eu pegar esse moleque..."?

Eu segui me rindo, mais uns quilômetros de asfalto sem dor. Estavam dando certo, aparentemente, os cuidados que tivera com os pés nos últimos dias, caprichando em alongamentos específicos, massageando, passando pomada.

Era certo que iriam doer, mas esperava que tudo ficasse no dolorido normal, comum a quem martela chão milhares de vezes em seguida — lerdos como eu dão mais de 50 mil passos em uma maratona.

Mas o terreno muda. Basta uma curva para sairmos do asfalto e entrarmos numa quase-floresta, tão densa é a vegetação que agora cruzamos, percorrendo uma trilha de verdade, irregular, escorregadia, com pedregulhos soltos e, em alguns pontos, espaço apenas para um pé diante do outro. Encoberto pela copa das árvores, o percurso é mais escuro e, nessa história de cuidar para não perder o equilíbrio, o meu andar é bambo, e eu sinto pela primeira vez uma pontada na lombar, que já manda para o cérebro sinais de pavor.

A paisagem derrota o medo, pois descendo a encosta a gente enfim vê o lago que estava nos mapas do percurso. As plácidas águas azuis acalmam, eu reduzo um pouco o ritmo para aproveitar a fofura do chão batido, pois ao nível do lago o terreno é plano, gostoso, tem de usar como desafogo das tensões, para derrotar o nervosismo e fortalecer para a jornada que vem pela frente, em asfalto, chão bruto, morro e sol aberto.

Na virada do lago, surge o maior posto de abastecimento que eu já vira em uma maratona. É um mesão de churrasco, daqueles de campanha, de festa da paróquia. Logo no início, água, depois tudo o que se possa imaginar: isotônico, vinho, frutas, chocolates, passas diversas e muitas tortas, que só vejo de revesgueio e nem sonho imaginar os sabores, mas com certeza há doces e salgadas.

Passo reto, só na água, mas fico imaginando de que são feitos os atletas que se dispõem a parar para um golinho de vinho tinto e uma fatia de quiche de roquefort, mais um docinho de sobremesa e um tantinho de refrigerante gasoso para ajeitar a mistura no estômago.

Deixa eles, que estou forte e feliz, ritmado e esquecido das dores ao voltar para o asfalto, começar uma leve subida e sentir o sol que, no meio da manhã, mostra suas garras. No topo da subida, um cruzamento urbano em Etang de La Bonde, um dos lugarejos turísticos por onde passamos, está Eleonora, de sorriso aberto, descanso e corro mais só de vê-la.

Subo o morro num zás, faço até aviãozinho quando passo por ela e inicio, então, uma longa descida que, pelo que indicava o mapa do trajeto, será subida na volta, muitos quilômetros mais tarde. Estou no km 15, mas penso no 35 e vou descendo rindo.

O terreno muda novamente — esta é a maratona com mais variações de piso que já enfrentei, e isso é muito bom. O asfalto, sem dúvida, permite mais velocidade, dá mais equilíbrio, segurança. Mas o chão batido acalma, e as trilhas cobram atenção aguçada, equilíbrio, administração de tensões.

Estamos no meio de outro vinhedo — este, sim, imenso. Numa das quebradas, perto da casa-grande, um verdadeiro bar a céu aberto está montado. Há líquidos de todo o tipo para abastecer os corredores, e em cadeiras preguiçosas o pessoal da propriedade, amigos e vizinhos acompanham o movimento.

Saímos do gigantesco parreiral, que foi um sobe-e-desce danado, voltamos para um breve trecho de asfalto e de novo embicamos pelos campos arados, em breve estarei na meia maratona. Apesar de admirado e satisfeito com meu ritmo, muito perto dos seis minutos por quilômetro, sei que vou piorar dali para a frente, pois o cansaço já bate.

Os olhos cuidam do chão, da terra, do caminho, mas numa curva busco o horizonte e lá estão, pela primeira vez tão perto, as montanhas. É o Grand Luberon, um maciço nos pés dos Alpes, uma serra linda que ali parece nos olhar, proteger, servir de parede.

"Ainda bem que não vou ter de subir lá", eu penso com certa ironia, fazendo outra curva que afasta o percurso da montanha, embica pela plantação e sai no rumo de mais uma cidade, a mais distante no trajeto da maratona, um dos pontos mais altos a galgar.

De Cucuron, a primeiro vista é do cemitério. Não sei quantos vimos no percurso, mas foram vários, pequenos, surpreendentemente implantados nos vilarejos, e não distantes, em montanhas, como é comum. "Nesse já não fico mais", disse a mim mesmo ao passar correndo pela rua principal da cidadezinha, que é também a estrada intermunicipal que serpenteia pelo Luberon.

Bebo água num posto montado sob enormes árvores e sigo olhando o que o vilarejo oferece. Aperto a vista para ler o letreiro que identifica um boteco e explica; "Restauration rapide". Na França, até fast food gosmenta vira coisa fina.

De barriga vazia, alimentado apenas pelos sachês de carboidrato, chego a uma bifurcação e, pela primeira vez, não sei para onde ir. Ao longo de todo o trajeto, dezenas de apoiadores e voluntários anunciavam o caminho a seguir, tiravam qualquer eventual dúvida, mas ali tive de apostar rápido para não perder a passada.

Desci, que era o mais fácil, e acertei. Agora já estava voltando, passara do km 23, tinha menos terra pela frente do que asfalto que deixara para trás.

Num retão, campo de um lado, campo de outro, de repente me vi sozinho. O último corredor que ia lá na frente dobrara uma esquina, e não havia sinal de raça humana em volta. Eu corria dono do mundo, de peito inchado de satisfação. Um berro me veio lá do fim do intestino, tomou o estômago, o pulmão e saiu gritado no campo, me vi cantando com tudo, acelerando, reduzindo, dançando. Coisa boa correr!

Mas dói também, e o terreno reservava armadilhas, desafios inesperados. Na internet, a altimetria mostrava uma certa ondulação: subia-se até o km 6, uma leve queda até o 10, longo e leve aclive até pouco antes do 20, quando há uma subida mais brusca, depois suave queda até o km 32, quando começa a mais séria subida da prova, de onde se arranca rolando até o final.

Eles disseram que o percurso era "très vallonné" , muito ondulado, mas parecia que seriam longos trechos. Você se prepara

para a dor, enfrenta as dificuldades e daí tem um refresco. Recupera as forças e encara outro desafio e assim vai até o fim.

Nananina. Cada subida é feita de pequenas idas e vindas, cada descida tem lá aclives que não são simples de encarar. Do 27 é quase só morro abaixo até o 29, passando por um moinho de vento, daqueles com pás que ilustram as histórias de Dom Quixote e, lá no alto, fazendo a curva sob os olhares do enorme castelo de Ansuis, orgulho do lugarejo de mesmo nome.

No posto de água do 29, chega uma corredora esbaforida. Os médicos tentam acudi-la, ela resiste, não quer sentar, mas evidentemente está afogueada, sentindo o calor e respirando com dificuldade. Eu sigo em frente, mas aposto que os médicos não vão conseguir segurar a moça, que parece veterana curtida, pequena, magrela, durona.

Até o 30, é só descida. Uma seta indica a saída do asfalto para o campo. Na virada, mais um posto de água, desta vez com som. Dos alto-falantes, sai a todo o volume a poesia do Pink Floyd: "We can breake the wall."

O som me enche, eu também vou quebrar a parede desta maratona. Já me entusiasmo até para correr umas passadinhas mais rápidas, mando beijo para Eleonora, que vai seguir ao meu lado por mais algum tempo, no carro alugado de belo azul.

São poucos os quilômetros em que o carro pode acompanhar os atletas. Depois do 32, quando voltamos a passar pelo gigantesco vinhedo, ela vai embora para me esperar na chegada, ou corre o risco de não conseguir suplantar os engarrafamentos.

Eu não digo, mas temo que ela não me veja chegar. O temor de não ir até o fim me acompanha a cada passo: nunca treinei tão pouco para uma maratona, o tempo todo sob cuidados médicos, com avanços e recaídas, mas nunca bom a ponto de receber alta.

As nuvens de pensamentos nefastos são afastadas pelo sonho de vencer. A maratona ganha corpo de uma vitória gloriosa, de algo definidor. Conquistá-la é entrar num grupo de gigantes, mas é ao mesmo tempo ser um solitário desbravador. Eu tenho medo de parar, mas sei que vou chegar.

Ouço passadas martelando o asfalto, o bufar de alguém que se aproxima. Não viro o rosto, não olho para trás, mas de revesgueio reconheço: vários quilômetros depois de quase ser parada pelos médicos, a veterana magrela afogueada está nos meus calcanhares.

Ela é mais leve, mais jovem e mais rápida do que eu, mas vai ter de mostrar tudo isso se quiser passar. A gente está no 34 e começa a mais longa e dura subida da prova. Eu só tenho certeza de uma coisa: não vou caminhar. Acertei um ritmo, trote, coisa de lerdo ou como qualquer um possa chamar, mas é o meu.

A subida é dura, está num dos mais difíceis momentos da prova, em que a gente se pergunta: "Por que, afinal, estou fazendo isso?", "Não vale a pena", "Isso é coisa de doido, não faz bem para a saúde." Mas a subida é definidora, é instigante, se eu a vencer, estou no fim da prova.

O sol agora não dá mais refresco mesmo. A temperatura bate nos 25 graus, calculo, e a desgraçada da mulher vai me passar. É só um apertinho mais e seguro meu lugar na ponte, passamos o km 35 e ela ainda está atrás. "Se eu conseguir segurar até o 36, estou feliz", prometo ao corpo, acenando com um descanso futuro, mas metendo o pé no asfalto e até passando um ou outro retardatário — agora eles são retardatários, até então eu nunca os tinha visto, com certeza saíram muito mais fortes e foram pagando seu imposto à maratona.

Chega a marca do 36, mas a subida não termina, como prometido. Ainda há uns metros, a mulher emparelha, mas não consegue passar, a gente se vê com o rabo do olho, mas não dá nem para sorrir ou cumprimentar, que eu vou mantendo a frente.

Acabou a subida, agora é lomba abaixo, o corpo relaxa, mas vamos aproveitar o incentivo da gravidade e competição para ganhar mais metros, quem sabe assim eu chegue mais rápido ao final.

Na marca do 37, há um gigantesco posto de abastecimento, com corredores descansando à sombra das árvores, outros fazendo alongamentos, desfazendo caretas de dor de câimbras, cumprimentando os atletas fantasiados. Eu busco mais água, saboreio, e a mulher enfim chega, cumprimenta com a cabeça e passa reto.

Nunca mais vou vê-la, mas interpreto o cumprimento como um reconhecimento de nosso bom combate na lomba maldita. Saio do 37 em ritmo bem lento, e vou melhorando devagarinho, sabendo que agora falta tão pouco, menos que uma volta no parque Ibirapuera, menos que uma rodada na Sumaré, avenida na zona oeste de São Paulo que é um dos meus quintais de treinamento.

A estrada, por incrível que pareça, está mais cheia. É que encontramos os caminhantes, outra turma que participa do evento. No total, a maratona de Luberon mobilizou cerca de quatro mil participantes, mas só cerca de 500 iriam para o percurso total e apenas 364 pessoas completaram os 42.195 metros. Os outros fizeram a meia, os dez quilômetros e a caminhada.

Os caminhantes nos saúdam, os corredores, com carinho e uma certa admiração. Eles também usam roupas estranhas e se divertem com as fantasias de alguns maratonistas. Eu passo, por exemplo, um homem vestido de bailarina, e logo sou alcançado por um grupo de sexies coelhinhas, que correm sob a proteção de fortões também vestido de coelhinhos.

Com a altimetria na cabeça, prometendo só rolagem morro abaixo até encontrar Eleonora, sou surpreendido ao ver que a marca do 40 está *láááá* longe no alto de uma colina que parece, àquela altura, um paredão (depois, pensando bem, reconheci que não passava de uma subidinha vagabunda).

Mas é bom para demonstrar espírito de luta. Ergo o corpo, enreto as costas, acerto o ritmo dos braços para ajudar na subida e sigo fazendo cálculos. No final daquela "montanha" faltarão apenas dois quilômetros. Agora é tratar de acelerar, porque essa maratona é minha e ninguém tasca.

Acelerar é modo de dizer, mas aperto o ritmo, com os olhos cheios de água, indo para uma vitória dolorida, sentida, prazerosa. Já estou nas ruas de Tour D'Aigues, cidade que finca suas raízes lá nos primeiros séculos da nossa era, onde ruínas de um castelo milenar viraram centro cultural e, hoje, ponto final de minhas angústias. Estou perto, sei, mas não consigo ver a chegada nem ouvir o ronco da multidão.

Puta que pariu!

A meta de uma maratona deveria brilhar como a Estrela da Manhã, ser um farol chamando os corredores para o bom caminho, anunciando o porto protetor. Mas eu aqui passei do 41 e não sei para onde seguir. As pessoas na rua aplaudem, incentivam, gritam o conhecido "allez, allez", dizendo para ir em frente. Alguns berram que falta pouco, mais uma curva para lá, outra para cá...

Na curva, há outro ponto de refrescos e vinho — foram mais de 20 ao longo do caminho, uma fartura gostosa e benfazeja. Aqui, as coelhinhas e os coelhinhos pararam para um papinho antes do final.

Eu chego a me desesperar, não sei quando abrir a passada, o berro está preso na minha garganta, mas há mais curvas, mais ruas, até que enfim vejo os cones conhecidos, as grades costumeiras, que indicam os bretes de chegada.

Dobro a esquina. A chegada não está lá, mas vejo Eleonora lá na frente. Abro o verbo, empino o corpo, explodo correndo para ela, paro tudo para um beijo abraçado, um beijo antes de chegar, um beijo da conquista.

Com o rabo do olho, vejo uma mulher passando em direção à meta. Ah, não, não vai tirar meu lugar! Abro a passada, mas ela já ganhou uns quatro metros, falta só outro tantinho para a chegada. Força, Rodolfo, vai!

Passei. Cheguei. Terminei.

Ê vidão!

Folha corrida

RODOLFO RECKZIEGEL DE LUCENA

Nascido em Porto Alegre, Rio Grande do Sul, em 14 de fevereiro de 1957.

Casado com Eleonora (gaúcha, jornalista, gremista), pai de Laura (nascida em 1982) e de Claudia (nascida em 1983), ambas paulistanas.

Jornalista, editor de informática da *Folha de S. Paulo.*

Gremista.

Cachorreiro, possui cães das raças pastor alemão, são bernardo, samoieda, dogue de bordeaux, poodle e vira-lata (mas dos bons!).

Contista, autor de *Abertura 1812* (1976), participação em antologias de contos e com textos publicados em cadernos literários.

Altura: 1m73.

Peso: varia, mas sempre é mais do que deveria.

Começou a correr em 1998, primeira corrida foi um 8 km na USP, em maio daquele ano, 53min alto.

Primeira maratona: Porto Alegre, 1999, 4h00min35.

Melhor tempo em maratona: Porto Alegre, 2000, 3h53min22.

Outras maratonas: Big Sur (CA, EUA), 2001, 4h02; Buenos Aires (ARG), 2001, 4h05; Marathon in the Parks (MD, EUA), 2002,

4h01; Atenas (Grécia), 2003, 4h39; Maratona das Águas (São Paulo), 2004, 5h31min13; Maratona da Grande Muralha (China), 2004, 6h54min02; Marathon de Provence Luberon (França), 2005, 4h37min48.

Ultramaratonas: Two Oceans (África do Sul), 2002, 6h12 (56 km) e Supermaratona de Rio Grande, 2005, 6h15min28 (50 km).

Melhor 10 km: Rústica do centenário do Grêmio, 49min (aproximado).

Melhor meia maratona: 1h59 em Campinas (SP, BR), 1998 (melhor tempo em 21,1 km: 1h51 durante a maratona de Porto Alegre, 2000).

Melhor média por quilômetro: na Volta à Ilha (Florianópolis, SC), 2002, trechos de seis a oito quilômetros, média em torno de 4min30/km.

Este livro foi composto na tipologia
Rotis Semi Sans, em corpo 11/15, e impresso
em papel off-set 90g/m² no Sistema Cameron da
Divisão Gráfica da Distribuidora Record.